U0032446

魔幻古巴

陳小雀的古巴故事十三則

文字・攝影　陳小雀

推薦序／胡忠信（歷史學者）

認識陳小雀老師，是一個偶然。

在TVBS國際新聞中心翻查資料時，看到小雀老師撰述的《加勒比海的古巴——雪茄與蔗糖的革命之歌》，文筆雋永，圖文並茂，對古巴歷史與文化做了精簡深刻的解讀，我即邀請小雀老師來中廣新聞網「新聞大解讀」的「每日一書」暢談本書，我們從此有了合作的默契與情誼。

小雀老師是台灣極少數赴墨西哥深造，受嚴謹的學術訓練而有所成就的西班牙文學、拉丁美洲文化研究者，舉凡我在中廣主持的時事解讀，只要涉及中南美洲，或者如堂吉訶德、馬奎斯的作品研討，我必定力邀小雀老師來為聽眾解說，我也得到第一手的學習機會。小雀老師凡事全力以赴，認真準備，不疾不徐，娓娓道來，是一位有耐性且敘事能力強的學者，她對西班牙、拉丁美洲研究的推動，使我們眼界為之一開，擴展了世界觀。

淡江大學舉辦「切．格瓦拉逝世四十周年紀念論壇」，陳小雀老師邀請南方朔兄與我參加，切．格瓦拉已經成為革命世代的精神象徵，甚至成為商品化先驅，當台灣民主化進入了價值顛倒、人心混亂的「創造性破壞」時期，重新閱讀切．格瓦拉，譯介他的經典作品，探討他的歷史定位，讓我們再度回到靈魂的深處，思考生命的意義，化為行動的能量，由此可見小雀老師對社會的關懷與用心。

這本《魔幻古巴——陳小雀的古巴故事十三則》，是陳小雀老師探討、教學、參訪旅遊的新作，既有學者的嚴謹，有散文式的情懷，有旅者的驚奇，也有浪漫的底醞。從古巴的殖民開發史，影響深遠的卡斯楚、切．格瓦拉革命，古巴政府的內外危機，乃至特殊的古巴爵士樂、美食、雪茄、魔幻寫實作品、公共藝術，小雀老師如導遊般一一詳盡解說，對於未曾到過古巴的我們，無異是一趟難忘的心靈之旅，也是了解拉丁美洲文化的精神饗宴。

對於卡斯楚所領導的古巴革命，小雀老師不是以薩依德所形容的「東方主義」來看待，而是深入古巴歷史的內在發展，從市井小民的基層觀點進行「同情的了解」，已經習慣於冷戰思維的台灣人，透過本書當可跳脫ＣＮＮ的鏡頭，重新思考為什麼卡斯楚有如此堅毅的生命力，會在法庭說出：「判我有罪吧！無所謂，歷史將宣判我無罪！」切．格瓦拉在寫給母親的信中說：「我的未來與古巴大革命緊緊相連，不是與她共享勝利，就是要與她共赴黃泉。」在卡斯楚與切．格瓦拉身上，我們是不是看到了堂吉訶德的理想主義情懷？

古巴與台灣在政治地理的位置相當類似，都是位於大陸的東南邊陲，是海洋與大陸交鋒之處，不可避免地，都成為外來殖民者的競逐戰場，也因為外來的挑戰，內部的人民必須團結與融合，具備了回應的能力，也發展了文化多元的創造能力，古巴人民在政治、藝術、音樂、文化的各方面成就，對照於台灣史，是有值得借鏡之處，本書正提供「知彼知己」的鏡測作用。

沒有古巴文化的薰陶，恐怕就不會造就海明威的《老人與海》，沒有古巴人的樂天知命，豈有古巴爵士樂的風行全球？沒有美國霸權的長久打壓，豈有歷久不衰的古巴革命意志？沒有多元文化融合，豈有充滿創意的公共藝術與文學創作？陳小雀老師不落俗套地，以一位熱心老師的身分，帶領我們深入探討古巴表象下面的精神本質。

這是一本了解拉丁美洲文化的入門書，也是觀察古巴文化的導讀書籍，沒有教科書的枯燥乏味，卻有散文遊記的雅俗共賞。透過小雀老師的導覽，使我們宏觀式了解古巴歷史，微觀式體驗基層生活，擴張了我們思考的地平線。向小雀老師致意，希望她撰述更多相關書籍，充實我們的生活資產，做一個世界公民。

目次

序曲

加勒比海島嶼星羅棋布，若依群島之面積大小，可略分為：大安地列斯群島(Antillas Mayores)、小安地列斯群島(Antillas Menores)。古巴係大安地列斯群島中最大的島嶼。一四九二年，哥倫布曾沿著古巴海岸航行了五周，由於北部海岸線很長，哥倫布尚未行到盡頭，便亂下斷語，誤以為古巴是中國的一個行省，而轉向鄰近的西班牙島(又譯為伊斯班尼奧拉，今日島上有海地和多明尼加共和國兩個國家)。雖然哥倫布掉頭就走，古巴終究淪為西班牙殖民地。一五一一年，西班牙征服者委拉茲格斯(Diego Velázquez de Cuellar)率領士兵三百人，浩浩蕩蕩從西班牙島啟航，由東南境的關達納莫(Guatánamo)海灣登陸古巴，展開征服行動。島上印第安人達伊諾(Taínos)仍處於新石器文明，無力反擊，西班牙不費吹灰之力便建立巴拉柯亞(Baracoa)、巴亞摩(Bayamo)、聖地牙哥(Santiago de Cuba)、太子港(Puerto Príncipe)、聖帝斯畢利督斯(Sancti Spiritus)、特立尼達(Trinidad)、哈瓦那(La Habana)七個城鎮。

古巴，在西班牙殖民時期被譽為加勒比海明珠，曾經是西班牙帝國最富庶的殖民地，是落日帝國僅存的驕傲，即使戰到最後一兵一卒也要死守的城池。古巴，又被稱為開啟美洲大陸之門鑰，橫亙在南北美洲之間，西班牙征服者以此為基地，西進墨西哥，北挺佛羅里達，只花了短短三十年光景便征服美洲大半的土地。顯然，古巴兼具軍事戰略地位和商業利益樞紐。

德國科學家洪堡(Alexander von Humboldt)稱古巴為「蔗糖文化國度」。甘蔗的生產與提煉全靠黑奴，十八世紀末，平均每一座蔗園黑奴人數約三百名，有賴這三百名黑奴，莊園每年才可生產出一千三百公噸的蔗糖，而從非洲進口的黑奴每名價格約為四百美金，每年每人伙食費和其他雜支約五十美元。因過度勞動與營養不良，黑奴抵達莊園後平均僅可再活七年；換言之，莊園主只要每天在每一個黑奴身上花零點二九美元，一年後即可生產出四點三公噸的蔗糖。這曲役奴悲歌自一五一三年延續至一八八六年，長達三百七十三年的奴隸制度終於土崩瓦解。

一八四〇年代古巴爆發解奴運動，造成勞動人口銳減，嚴重影響經濟。一八四七年，西班牙女王伊莎貝二世(Isabel II de Borbón)頒布敕令，正式批准「中國契約勞工」(los chinos contratados)輸入古巴，替補黑奴的勞動工作。「中國契約勞工」亦即「苦力」(los culíes)，是變相的奴隸。當年人口販子以非法手段捕捉黑人，或利誘非洲部落酋長以協尋黑奴來源。同樣，人口販子在中國廣東、福建等沿海省分，僱用俗稱「豬仔頭」的地痞流氓，招募華工簽下一紙期約八年的「工作合同」。「豬仔頭」誘拐急於謀生的貧民，也不擇手段掠捕無辜路人和良民百姓。華人被當作「豬仔」運送至美洲，步上黑奴悲慘命運之後塵。據統計，古巴華工在契約期間的死亡率高達百分之七十五，平均只有五年可活，比黑奴還短。一八八〇年，中國苦力獲得人身自由權，契約勞工也從此走入歷史。

非洲黑奴以血淚灌溉古巴經濟，華工以勞力改寫古巴歷史。古巴展開獨立戰爭時，黑奴、華工、姆拉多人(mulato，黑白混血兒)、白人並肩作戰，以反奴、反殖民為宗旨，共同追求古巴的未來。上等古巴雪茄係由多種菸葉包捲而成，最香醇的蘭姆酒必須混合數種糖蜜，再釀製蒸餾而得；正如雪茄與蘭姆酒之一般，古巴的種族誌已不分原生種或外來種，經由土地、命運、歷史的融合同化，鑄造成獨特的新古巴人，各自貢獻出自己的文化特色，匯集成精采的多元文化。

古巴多采多姿的混血文化教人為之神往，詩情畫意的景色令遊子旅人流連忘返。其土地面積十一萬八百六十平方公里，東西寬為一千兩百五十公里，南北僅四十至二百公里不等，島形宛如一隻鱷魚，古巴詩人紀廉(Nicolás Guillén)在他的詩集中稱古巴乃一隻「長長的綠色鱷魚」(largo cocodrilo verde)，頌揚古巴風光旖旎。然而，這隻鱷魚似乎不得安寧。自一八六八年起，古巴人民展開艱辛的獨立戰爭，耗費了三十年才於一八九九年一月一日脫離西班牙的統治，在美國托管三年後，於一九〇二年正式建國。不久，美國藉雙方所通過的「柏拉特修正案」(Enmienda Platt)，強行永久租借古巴第三大港關達納莫，建立了一個占地七十八平方公里、海域三十九平方公里的軍事基地。二〇〇一年，美國宣稱基於反恐戰爭的軍事與安全需要，而將國際恐怖分子監禁於此。

古巴才擺脫西班牙舊殖民統治，卻立即陷入美國新帝國主義。獨裁統治、美商經濟剝削與美軍干預儼然囹圄，禁錮古巴半世紀之久。

一九五六年十二月，卡斯楚(Fidel Alejandro Castro Ruz)揭竿起義，掀起古巴大革命。一九五九年一月，卡斯楚取得政權，並進行大規模社會改革和企業國有化政策；孰知，卡斯楚的改革政策動及美國利益，造成美、古交惡，兩國之間的衝突日益白熱化；高手過招，招招驚天動地。

為了推翻卡斯楚，美國中情局籌略「鼬鼠行動」(Operacón Mangosta)，滲透古巴，展開顛覆行動。不久，一支反革命部隊入侵古巴豬灣(Bahía de Cochinos)，不料大敗，凸顯古巴軍民精誠團結，以及卡斯楚的領導智慧和戰鬥能力。接著，卡斯楚主動出擊，爆發「古巴飛彈危機」，卻讓在「豬灣事件」受挫的甘迺迪暫時扳回一城，展現危機處理魄力，而這段過程也被好萊塢拍成電影《驚爆十三天》。

1 · 哈瓦那街景。
2 · 哈瓦那的華人街。

「古巴飛彈危機」化解後，美國允諾不以武力入侵古巴，卻對古巴進行貿易禁運和經濟制裁。美國凍結古巴在美國的所有財產與存款；取消美國銀行與古巴銀行間的交易作業；禁止非共產國家的商船貨輪往返古巴港口；嚴禁他國進口美國商品至古巴，也不准古巴商品、原物料進口美國。一九六四年以降，在美國的運作下，拉丁美洲國家紛紛與古巴斷交。彼時，除了蘇聯與其他共產國家，古巴彷彿一座孤島被排拒於美洲之外，因而蒙上一層神祕面紗。

還好拉美國家對古巴皆有血濃於水的民族情愫，而於一九七〇年起陸續與古巴恢復邦交。一九七七年，古巴與美國雙方互設利益局(Interests Sections)，美國開放其企業海外分公司與古巴進行貿易。目前，古巴是聯合國、世界貿易組織、加勒比海國家聯盟、七七集團、里約集團等國際組會員國，也與一百八十八個國家建交。不過，即使卡斯楚已經辭去國家元首職務，歐巴馬也對古巴釋出善意，美國似乎還不願放過古巴。在二〇〇九年第六十四屆聯合國大會上，仍有帛琉、馬紹爾、以色列支持美國持續對古巴禁運，對此，卡斯楚義正詞嚴，指責美國為了一己之私脅迫帛琉、馬紹爾兩個小國家，並稱以色列身為美國最堅貞的盟友，當然站在美國那邊。

黑奴、華工、菸草、蘭姆酒、卡斯楚、社會主義、驚爆十三天、禁運……古巴歷史篇篇扣人心弦。

生長在自由經濟的國家，為何獨鍾古巴，一再書寫古巴？一個國民所得僅兩千八百美元的加勒比海島國，有什麼值得喝采的地方呢？古巴街頭孩童天真無邪，以木棍練習揮棒的情景，是否和當年台灣少棒克難環境相似？長期受到美國禁運，在國際政局中曾經孤立無援的情況，是否和台灣目前的外交處境相似？如果台灣奇蹟曾令國人引以為傲，那古巴的堅韌值得我們致敬！

當年因為赴墨西哥攻讀拉丁美洲研究博士學位，讓我與古巴的距離從千里之遠而急遽縮短，隔著墨西哥灣觀看古巴，並藉機到哈瓦那度假。也因為研究古巴作家卡本迪爾(Alejo Carpentier)的小說，這幾年讓我有機會多次參加古巴美洲研究中心(Casa de las Américas)的學術研討會。漸漸地，古巴成為我最愛的拉丁美洲國家之一。

誠如法國哲學家蒙田(Montaigne)所言，吾人即吾書中的素材，這本《魔幻古巴》即用我的角度剖析古巴。既是寫歷史，也是寫感覺，札記也好，隨筆也行，書中有不容於學術論文的感性，也有不容於歷史教材的隨興，但是，卻有我最真的近身觀察與最嚴謹的研究！

記憶哈瓦那

哈瓦那(La Habana)，源自一位名為「Habaguanex」的印第安酋長，是我見過最迷人的拉丁美洲城市之一。她是一道時光迴廊，也是一首浪漫情歌，更是一則永恆神話。踏入哈瓦那舊區，彷彿走進一扇時空之門，一磚一瓦、一景一物挑撥悸動的心，教人迫不及待想掀開深鎖的記憶匣子，沉醉於這座充滿歷史脈絡和人文律動的城市裡。

一五一四年，西班牙征服者委拉茲格斯在古巴南邊海岸建立哈瓦那，但因地勢低窪、氣候溼悶且蚊蟲肆虐，不宜居住，而於一五一九年遷城至北岸，即今日哈瓦那之位置。建城之初，僅數間茅廬及一個充當廣場之用的空地，充其量只是個小聚落，作為征服者探險美洲大陸的補給站，還不具城鎮規模，甚至遠不如東南岸的聖地牙哥。地形之故，進入港灣之前必須穿越一條狹長的天然水道，哈瓦那乃名副其實的避風港，極適合船隻停泊集結。再者，哈瓦那周遭土地肥沃，適合栽種甘蔗，森林資源豐富有利用價值，日益受到拓殖者的青睞。待西班牙帝國順利拓殖美洲之後，哈瓦那搖身一變，成為新舊大陸之間的轉運中心，船舶熙來攘往，熱鬧非凡，戰略地位日趨重要，城市腹地從最初的藝事街(Oficios)及商賈街(Mercaderes)漸漸向外擴大。「藝事街」因各行各業匯集於此而得名，而當年商賈穿梭其間的繁忙景象自然成為「商賈街」的由來。

然而，好景不常，為了分食西班牙在美洲的拓殖利益，歐洲列強展開海盜策略，除了搶奪西班牙商船之外，並伺機侵犯西班牙沿海殖民城鎮。哈瓦那日益繁華，遂成為海盜殺人越貨的目標，而於一五三七、一五三八、一五四三年間數度遭受海盜入侵。一五五三年，法國海盜戴索賀(Jacques de Sores)洗劫聖地牙哥，食髓知味，於一五五五年再度來犯，卻轉向哈瓦那攻其不備，皇軍城堡(Castillo de la Real Fuerza)終究無力迎擊，毀於炮火，哈瓦那被夷為平地。

西班牙於一五五八年著手修葺皇軍城堡，守衛著浴火重生的哈瓦那。無奈，一五八六年，英國海盜德瑞克(Francis Drake)覬覦哈瓦那，皇軍城堡再次失守，哈瓦那又毀於一旦。皇軍城堡位於港灣咽喉處，緊鄰行政中心的閱兵廣場(Plaza de Armas)一旦失守，哈瓦那立即淪陷。為了防止海盜登堂入室，西班牙自一五八九年起，在水道入口處的兩岸各建造一座城堡，即摩羅城堡(Castillo de los Tres Santos Reyes Magos del Morro)及奔妲城堡(Castillo de San Salvador de la Punta)。與奔妲相對，摩羅位於小山丘上，居高臨下，監視海面上的一舉一動。奔妲係皇軍城堡的前鋒，堪稱第一道防線。一六〇七年，西班牙將哈瓦那定為古巴首都，不僅在此設立軍事轄區(Capitanía General de Cuba)，並在前哨興建瞭望台與要塞，以補強三座城堡的防禦能力，更索性築起一道高十公尺、厚約一百四十公分的城牆，意圖杜絕外敵染指。

耗費漫長歲月堆砌巨石，但是三座巍峨城堡、一道厚實城牆，加上重兵駐紮，依然守不住哈瓦那。結束海盜策略後，英國於一七六二年派遣兩百艘船隻、兩萬名士兵入侵哈瓦那，占領古巴西境長達十一個月之久。英國人歸還古巴後，西班牙於一七六三年起又增建三座城堡，分別名為卡巴娜(Fortaleza de San Carlos de la Cabaña)、王子(Castillo del Príncipe)及亞達雷斯(Castillo de Atarés)。新城堡築好後，歐洲列強暫時維持友好，海盜外敵不再，哈瓦那終於得以喘息。

在戰雲瀰漫的年代，銅炮是不可或缺的戰備，迄今依然保存完好如初，靜靜架在城堡上。摩羅城堡及奔妲城堡是遊客遠眺大海的最佳去處，皇軍城堡乃哈瓦那舊區的地標。至於卡巴娜，當年來不及參與保家衛國使命，如今則於日落時分上演鳴炮戲碼，傳誦古巴人英勇驅敵故事。煙塵消散後，許多銅炮被搬到街角，作為路障，防範車輛轉彎時不慎撞到街角房舍；沒有火藥的炮彈也被利用，或為障隔，或為裝飾。如此奇觀是哈瓦那、也是許多加勒比海城鎮的特色之一。

經歷無數的戰火，哈瓦那的風華始於十八世紀。穿梭水道後，首先抵達大教堂廣場(Plaza de la Catedral)，接著是閱兵廣場，再來是聖方濟廣場(Plaza de San Francisco)，最後為老廣場(Plaza Vieja)。四座廣場是居民的生活重心，貴族的宮苑華宅環繞廣場而建，石柱迴廊、半月形拱門、彩繪玻璃、木雕欄柵、藝術鍛鐵、爭奇鬥豔的門環，蔚成古巴式巴洛克建築。

大教堂廣場原為沼澤地，最初供牲畜飲水，亦補給船隻用水，後來闢為池塘提供居民水源。耶穌會於一七四八年在此興建教堂，不料一七六七年遭西班牙政府驅離，教堂建築工程因而暫停。殖民當局接續完工後，將之升格為大教堂。四幢建於十八世紀的宅第圍繞廣場，以大教堂為起點，順時鐘方向分別為：隆畢優伯爵家族官邸(Casa del Conde de Casa Lombillo)、巴尤那伯爵家族官邸(Casa del Conde de Casa Bayona)、公共澡堂、亞瓜斯克拉拉斯侯爵官邸(Casa del Marqués de Aguas Claras)。舊時王謝堂前燕，飛入尋常百姓家，隆畢優伯爵家族官邸目前為文化中心，巴尤那伯爵家族官邸改為殖民藝術博物館。公共澡堂本為達官顯貴產業，卻彷彿受到詛咒，連續兩名業主先後遭羅織入獄，因而於十九世紀改建成哈瓦那第一間公共澡堂，現在則為藝品店。至於亞瓜斯克拉拉斯侯爵官邸，外觀以美麗的柱廊著稱，內部因寬敞天井聞名，迄今乃哈瓦那著名餐廳，且以「天井」(El Patio)名之。

公侯將相宅第曾經遍布哈瓦那舊區，從大教堂廣場步行到閱兵廣場，短短數分鐘路程，看盡當年的奢華。閱兵廣場的設計藍圖來自於西班牙本土的馬約廣場(Plaza Mayor)。「馬約」(Mayor)意思為「大」，這個「大廣場」是政教中心，也是居民休閒、集會場所。然而，美洲戰事頻仍，為了防範印第安人起義、黑奴叛亂或外敵入侵，「大廣場」亦成為點召軍隊之地，以展現軍事實力，因此，取名為「閱兵廣場」。千古英雄浪淘盡，哈瓦那的閱兵廣場一片綠蔭，成為二手書的跳蚤市場，不僅沖淡了煙硝味，還多了書香味。

殖民時代的總督府占據整個街區，正面朝向閱兵廣場，昔日的總督兼統帥應該以君臨天下之姿，在二樓陽台點將操兵。總督府同時也是將軍府，建於一七七六年，於一七八九年完工；自此，成為歷任古巴總督的官邸。一八九八年，西班牙於美西戰爭中失利，末代總督將古巴交給美國，美國於總督府成立臨時政府。一九〇二年，美國同意古巴獨立後，總督府遂又成為總統府。隨著時間巨輪的運轉，這幢豪華宮殿如今變成城市博物館，每一塊石頭、每一件擺設，儼然蘊藏著說不完的故事。

沿著藝事街，朝碼頭方向走，即可抵達聖方濟廣場；廣場因聖方濟會於一七一九年在此興建修道院而得名。這個廣場因鄰近碼頭，在殖民時代乃繁華地帶，來自西班牙的商船，不僅運來琳琅滿目的貨品，也送來黑奴以及渴望淘金致富的西班牙人。一八四七年以降，中國苦力渡海過洋，從這個廣場走入古巴歷史。本地人、異鄉客擦身而過，或掙得名利、或死於黃熱病，得看個人造化了！聖方濟修道院背向碼頭，澎湃的浪濤聲、碼頭工人吵雜的吆喝聲、馬車行駛的咯噔聲全隔絕於堅固石牆之外，似乎故意將人間浮華拋諸腦後，好讓聖方濟會神父潛心靈修。修道院內，埋葬了許多貴族名人，有致力於修道院建築的主教，有甫上任便染

1
4
3
2

1・哈瓦那大教堂兩側有不對稱的高塔，外觀透露出迷人的古巴式巴洛克風格。

2,3・昔日的亞瓜斯克拉拉斯侯爵官邸，今日的「天井」餐廳，不論在廊柱裡、抑或在天井內用餐，均是愜意的享受。

4・從亞瓜斯克拉拉斯侯爵官邸的廊柱下，窺看大教堂。

5,6・隆畢優伯爵家族官邸乃十八世紀典型的建築：明亮的天井花園、精緻的鍛鐵陽台、挑高的廊柱騎樓。

7・十八世紀，初來乍到的西班牙貴族環繞一處「新廣場」，展開奢華的生活。

8・哈瓦那建城神龕。一五一九年，西班牙征服者委拉茲格斯將哈瓦那遷城至現址時，四周一片荒蕪；據信，委拉茲格斯一行人在一棵樹下舉行彌撒，象徵奠定建城基石。一八二八年，殖民當局在此興起神龕，作為建城紀念。

上黃熱病而死於殖民地的總督，有為了抵抗英軍入侵而捐軀的摩羅城堡軍長，有來不及返回西班牙述職的艦長，陰暗的墓室散發出朽壞味道。殞落與新生、悲傷與喜悅只有一線之隔，許多哈瓦那新生兒在此接受領洗聖事，不少新人也在此舉行婚禮。

修道院、教堂賜予哈瓦那多一分莊嚴，構成哈瓦那的建築特色之一。但是，在哈瓦那舊區，老廣場是唯一一處不以教堂為主位的廣場。這裡，並非哈瓦那最古老的廣場，在十八世紀時稱之為「新廣場」，是西班牙貴族新覓得的落腳處。環繞廣場四周的宅第仍不脫古巴式巴洛克風格，每一幢建物簷下皆築有迴廊；哈瓦那素有「柱廊之都」的美譽，從老廣場的一角望去，柱廊長長短短，忽高忽低，外表看起來宛若數不清的大小拱門，呈現不對稱之美。城市逐次擴大，其他新廣場建立後，「新廣場」只好讓位，屈居「老廣場」。

哈瓦那舊區於一九八二年被聯合國教科文組織列為人類文化遺產。漫步在這四座廣場周邊的狹窄街衢，儼然進入一座大型博物館，也頗有閱讀西班牙帝國拓殖史之感覺，每一幢宅子除了本身建築暗藏歷史符碼外，還鎖著動人的故事，等待有緣人細心探索。走著走著，竟然闖入成立於一七九一年的香水店，一會兒撞進一幢有精緻壁畫的十六世紀宅院，忽然殖民時代的古老藥房出現在眼前，還有香料店、軍備博物館、巧克力博物館、蘭姆酒博物館……哈瓦那彷彿千面女郎，匆匆之間很難一窺全貌，一旦與她四目相會，絕對令人怦然心動，魂縈夢牽。

雖是歐洲人所建的城市，但加勒比海的氣候與地形畢竟不同於歐洲，受到在地氛圍的濡染，哈瓦那呈現獨特丰采，既無歐洲城市童話般的夢幻，甚至有點破敗，斑駁石柱顯露歲月痕跡，頹圮牆面露出滄桑過往，卻又不願臣服於時間巨輪之下，意圖脫胎換骨展現新風采，這份矜持讓哈瓦那愈顯美麗。突然，想起了歐瑪拉・波爾杜翁多(Omara Portuondo)所唱的〈美麗哈瓦那〉(Hermosa Habana)：

哈瓦那，美麗的哈瓦那
美是你的綠茵，美是妳的街衢
美是妳的海
哈瓦那
我傳送給妳的歌聲宛如弦樂陣陣低吟
僅僅為妳一人彈奏
蔚藍穹蒼可見白鴿飛翔
那是平和的象徵與符碼
那是獻給妳的榮耀
哈瓦那，哈瓦那

Habana, hermosa Habana
Lindo es tu prado, lindas son tus calles,
Bello es tu mar
Habana,
A ti llega mi canto como el gemir de violines
Que sólo tocan para ti
Se ve en el cielo azul volar
Palomas como símbolo de paz
Que es la gloria para ti
Habana, Habana

1
3
2

1,2,3・聖方濟是自然生態的主保，除了守護著動物之外，同時也是商人的主保。聖方濟修道院的建築厚重堅實，鐘樓高四十二公尺，俯視全城。廣場因聖方濟而得名，又因與碼頭毗鄰，是殖民時期各地珍寶的集散地，商賈紛至沓來，人聲鼎沸。廣場散發出西班牙安達魯西亞的風格，獅子噴泉乃十九世紀作品，象徵當時西班牙王室的權力。

4・商賈街二十七號的這幢宅第建於一八七四年，現在為磁器博物館。大門兩側的鐵製護罩乃殖民地建築的特色。

5・一顆顆的鐵彈排列成障隔，少了煙硝味，多了藝術感。

6・這條浪漫的人行步道，入口處以三尊火炮為障欄。

7・往昔保家衛國的大功臣，靜靜躺在哈瓦那舊區，彷彿老居民一般。

海、綠茵、街衢，正是哈瓦那迷人之處。一八〇〇年十二月十九日，在法國植物學家邦普蘭(Aimé Jacques Alexandre Gougaud Bonpland)的陪伴下，德國科學家洪堡到古巴進行勘察。當船隻緩緩穿過水道，駛入哈瓦那港灣，海和綠茵的第一印象吸引洪堡，之後他在《古巴島政治論考》(*Ensayo político sobre la isla de Cuba*)裡，刻意筆墨描寫如此綺麗風光：

> 一進入港灣，哈瓦那如詩如畫的景色立即映入眼簾，是美洲赤道以北風光最旖旎的港埠之一。這裡，湧入了各地的異鄉人。這裡，沒有瓜亞基(Guayaquil)河畔的莽莽草木，也沒有里約熱內盧(Río de Janeiro)海岸的巍巍岩石。這裡，不同於上述的兩個南半球港口，在宜人氣候的滋潤下，明媚風光，交織著繁花盛錦與嫣紅柔綠的熱帶特色。受到如此溫柔印象的吸引，歐洲人忘卻危險，投身於安地列斯群島市商雲集的城市裡，嘗試領會茂盛景色的各種元素，眺望港口東邊座落於巨岩上的要塞，欣賞四周布滿屋舍莊園的港灣，注視高可參天的棕櫚樹。這個城市被船舶的風篷及桅杆遮掩了一大半……

然而，穿梭於哈瓦那的街衢之後，洪堡的文字則少了詩意描寫，甚至對整體環境和城市設計藍圖多了些批評：

創立於一七九一年的香水店，是殖民時期淑女貴婦經常流連的地方。迄今，店家仍打著手工香水的旗幟，以獨具風格的傳統配方，推出玫瑰、茉莉、百合、菸草、紫羅蘭、檸檬花、薰衣草、佛手柑、天竺薄、岩蘭草、伊蘭伊蘭、印度檀香等十二種香味。其中，以菸草香水最為特別，起初神祕粉香撲鼻而來，接著冷靜的草香隨之而到，最後感性溫柔漫溢。在此，顧客可以挑選自己所喜歡的香氛和瓶身，店家裝好後，會貼上印有「Habana 1791」字樣的標籤，再以絲帶綁上吊牌，如此復古包裝教人不遙想當年衣香鬢影穿梭其間的情調。

> 在我駐足西語美洲期間，鮮少城市像哈瓦那一樣，缺乏良好管理，市容令人不舒服。走在街上，行人必須越過深可及膝的泥濘，也必須穿梭於載貨馬車之間。這種低平且無側板的四輪載貨馬車，被稱為「volante」，乃哈瓦那的特色，車上載滿一箱箱的蔗糖，車伕粗魯的將馬車駛入人潮中，不悅與狼狽的神情全寫在行人臉上。家家戶戶散發出濃烈的醃肉味，氣味甚至在一些通風不良的街道中徘徊不去，但仍看出政府當局盡力清潔街衢，以改善這些缺點。房舍一般通風良好，商賈街的街景美輪美奐。這裡，就像咱們歐洲的古老城市，動線設計不佳的街道只能慢慢修正。

洪堡時代的泥濘街道早已鋪上石塊，雖然資源短缺，有少部分路面坑坑洞洞，但路況大致良好。被稱為「volante」的四輪載貨馬車已不復在，但仔細觀察，不少宅第的大門兩側，依然留下保護門柱的鐵製護罩。殖民時代的馬車係由正門進入，穿過天井，再進入屋後的馬廄；顯然，當年的馬伕行事粗魯，因而設置鐵製護罩，以防馬車駛入屋內時不慎刮壞門柱。氣味濃烈的醃肉則經過廚師巧藝，榮登古巴珍饈菜單。至於被洪堡視為「動線設計不佳的街道」，在古巴人眼中卻是最有趣的光影追逐遊戲。古巴地處熱帶地區，長年日照強，因此，街區之間並非整齊畫一，利用參差不齊的差距，相互取得一點陰影消暑。木造百葉窗和石柱迴廊也參與了光影追逐遊戲，百葉窗將強烈陽光阻擋在外，迴廊則使行人免於日曬，倘若颶風來襲時，兩者可使屋舍多一分防範。昔日的缺點成為今日的特色，這就是哈瓦那的美！

歷史、建築、藝術、音樂、文學係哈瓦那的圖騰。擁有人類文化遺產只是哈瓦那居民的驕傲之一，「哈瓦那」這個詞本身就蘊藏許多驕傲。哈瓦那乃世界上等雪茄的生產地，過去雪茄就稱為「habano」(哈瓦諾)，即「哈瓦那雪茄」之意。這裡也是哈瓦那舞曲的發源地，連比才(Georges Bizet)都前來取經，而譜下不朽的《卡門》。最令哈瓦那居民引以為榮的是，海盜虎視眈眈、英國人覬覦之地，孕育出偉大的馬帝(José Martí)！

從摩羅城堡遠眺哈瓦那港灣，洪堡所言的旖旎風光立即映入眼簾。

馬帝

古巴各地廣立馬帝雕像，無數的公園、廣場、學校、機關、紀念館、圖書館都以馬帝命名，哈瓦那國際機場當然不能例外；另外，古巴中部和東南部亦有小城也一併獻給馬帝。因此，許多對古巴有涉獵的朋友，常誤以為馬帝是古巴的國父。其實不然，古巴國父乃西斯佩德斯(Carlos Manuel de Céspedes)，一名出生於古巴東部巴亞摩的富裕蔗糖業主。一八六八年十月十日，西斯佩德斯於自己的蔗園「德馬哈瓜」(Demajagua)發出獨立宣言，呼籲廢除奴隸制度，並率領同志向西班牙宣戰，展開古巴的第一次解放革命。戰爭期間，西斯佩德斯之子奧斯卡(Óscar)不幸落入西班牙人手中，西國以奧斯卡脅逼西斯佩德斯投降，西斯佩德斯不從，說：「奧斯卡並非我唯一的兒子，我是所有為革命犧牲的古巴人之父。」西斯佩德斯於一八七四年捐軀，被稱為古巴國父。第一次獨立戰爭持續十年(西元一八六八——一八七八年)，無奈以失敗收場，史稱「十年戰爭」(Guerra de los Diez Años)。

馬帝是民族英雄，也是現代主義先鋒，既是出色的政治家，更是文壇巨擘。更為甚者，馬帝不只是古巴的民族精神象徵，他已超越國界，成為拉丁美洲各國崇拜的思想家。姑且不論卡斯楚與流亡美國的古裔美人之間的恩怨，那些離開古巴母土的古裔美人仍然尊崇馬帝，期盼有朝一日仿傚馬帝，掀起另股解放思潮，將卡斯楚繩之以法，足見古巴無人能超越馬帝的歷史地位。

一八五三年，馬帝生於哈瓦那，父母皆為西班牙人。父親馬利亞諾(Mariano Martí)是一名士官，後來改任警衛，薪餉微薄。馬帝四歲時，父親染病，因而攜家帶眷返回西班牙治病。馬利亞諾在西班牙謀事不順，兩年後再度舉家遷回古巴，繼續擔任警衛工作。馬帝是長子，七個妹妹相繼出生，但最小的兩個妹妹不幸早夭。「貧」與「苦」似乎是這一家人的宿命，父親工作一直不順遂，時而被調到外地；他每到外地便帶著馬帝一同前往，造成馬帝學業時常中輟，但也因此讓馬帝有機會接觸大莊園，目睹大莊園內慘絕人寰的奴隸制度，而在他小小心靈埋下解放思潮種子。

一八六八年，爆發「十年戰爭」，當時馬帝就讀中學三年級，學校創辦人緬迪維(Rafael María de Mendive)是詩人，亦兼報紙發行人，試圖以文字喚醒古巴意識。受到緬迪維的獨立主義影響，馬帝在西班牙與古巴之間，選擇了古巴，十五、六歲小小年紀即明白「文以載道」的重要，也在報紙專欄發表解放思潮文章。後來緬迪維遭西班牙軍方逮捕，學校也被迫關閉。父親馬利亞諾擔心馬帝步入緬迪維後塵，於是嚴禁他再寫文章支持古巴獨立運動。

西班牙軍方持續搜捕古巴異議分子。某日，馬帝的同窗好友瓦爾得斯(Fermín Valdés Domínguez)被捕，在瓦爾得斯家中，搜出一封短箋準備寄給同儕卡斯特羅(Carlos de Castro)，由瓦爾得斯和馬帝兩人署名。短箋上寫著：

> 同伴：你可曾夢到起義人士的榮耀嗎？你可知古代如何鎮壓起義行動？我們冀望緬迪維先生的門徒能回覆這封短箋。

這位卡斯特羅加入西班牙志願軍，與古巴獨立志士對立。就因為這封短箋，馬帝被以叛亂罪逮捕。

馬帝與瓦爾得斯同年，友誼匪淺。一個出身窮苦人家，另一個來自富裕世家；一個嚴肅內斂，另一個外向活潑；一個滿懷理想，另一個目標實際；一個憂鬱中略帶孤寂，另一個開朗且充滿熱情；一個富有浪漫色彩，另一個展現波希米亞風情。兩人個性雖然南轅北轍，筆跡卻十分相似，當法官審問到底何人主筆寫下那封短箋時，兩人異口同聲爭相擔罪。最後，馬帝一肩挑起所有罪名，被判六年的苦役，瓦爾得斯因此只被判入監六個月。

起初，馬帝被送往哈瓦那監牢服刑，日出必須到採石場工作，日落才得以回監獄休息。由於拖著腳鐐，馬帝的右腳踝永久變形，腹股溝也長期隱隱作痛，甚至健康日益惡化。在父親的奔走下，西班牙殖民當局考量馬帝才十六歲，而將馬帝改送松林島(Isla de Pinos，後來易名為青春島)。雖然松林島是監禁政治犯之處，但馬帝反而在這裡可以得到喘息，好好讀書寫詩。馬帝以一小截鐐鏈製成戒指戴在手上，戒指上刻著「古巴」。據說，所羅門王有一只特殊的戒指，一戴上就可以聽懂動物的語言；那麼馬帝那只刻著「古巴」字樣的戒指讓他聽到受難同胞的哭泣聲，時時刻刻提醒他大地母親古巴仍遭蹂躪。

一八七一年一月，「十年戰爭」依然如火如荼進行著，馬帝被改判流放西班牙。當船隻駛離哈瓦那港口之際，馬帝著手撰寫《古巴的政治犯》(*El presidio político en Cuba*)，以親身經歷泣訴西班牙宗主國的殘暴與血腥。不久，在古巴母土發生一件驚天動地的大事，再再顯示西班牙的殘暴與血腥。彼時，哈瓦那大學醫學院一年級的學生，因教授臨時缺課，突然興起頑皮之心，以馬車載著解剖用的屍體到附近墓園玩耍。事後，效忠西班牙皇室的保守派人士誣陷這群學生褻瀆了西班牙記者卡斯達紐(Gonzalo Castañón)的墓地，殖民當局不分青紅皂白便逮捕數十名學生，最後三十名學生被判入獄服刑，八名古巴籍學生於一八七一年十一月二十七日遭槍決。這八名學生中的一人，事發當天並未與同學到墓園，而是另有他事出城去。顯然，這是一樁冤案，多年以後卡斯達紐的兒子才坦承父親的墓地並未遭冒犯。這樁冤案加深了古巴與西班牙之間的鴻溝，掀起獨立戰爭高潮。

馬帝的摯友瓦爾得斯親眼目睹這場悲劇後，也於一八七二年來到西班牙，他的到來，安慰了馬帝孤寂的心。不論是金錢援助、抑或精神鼓勵，瓦爾得斯總是全力支持馬帝，甚至日後陪他浪跡天涯、助他投入獨立運動。

流放西班牙五年期間(一八七一——一八七六年)，馬帝靠擔任私塾教師、翻譯英文作品、寫報紙專欄為生，生活十分拮据。當年在古巴的那段苦役讓馬帝留下病根，馬帝的身體也因西班牙酷寒的冬天而每況愈下，多次進出醫院，心情因此更加憂鬱，無時不想念古巴的和煦陽光。雖然貧病交迫，馬帝以無比的毅力完成中學學業，且在瓦爾得斯的贊助下，進入兩所大學分別攻讀法律和文學，並於極短的時間內獲得學位。

馬帝並不因貧與病而膽怯懦弱，或喪失浪漫情懷，反之，他積極投入知識分子的社交圈，並展現文學長才。戲劇是馬帝的最愛，他看遍了當時在馬德里上演的大小戲劇。據悉，馬帝曾在馬德里的暗巷裡瞥見一名流鶯獨自倚著牆，女人朦朧的身影與漆黑的牆面彷彿連成一體，凝固、靜止、失去脈搏……突然，目光游移到女人的臉蛋，性感紅脣讓女人那看似失溫的形體活躍起來，這一幕令馬帝怦然心動，宛如墜入愛河一般。女人觸發了他的青澀悸動，於是寫出戲劇作品《神女》(*Adúltera*)。

Yo quiero, cuando me muera,
sin patria, pero sin amo,
tener en mi losa un ramo
de flores, -¡ y una bandera!
1
REX
3
2

5

6

4

1・以斑斕的壁畫為背景，白色的馬帝雕像格外醒目。雕像旁書寫著《樸實詩篇》的片段詩句：「我希望來日身亡後／雖無祖國也無主人／但能在墳前有一束／香花以及一面國旗」

2・馬帝的銅像右手抱著孩童，左手指著前方的美國利益局，反帝國主義的意味不言而喻。

3・馬帝紀念塔。紀念塔於一九五九年完工，塔高一百三十九公尺，是哈瓦那最高點。其建築藍圖為一星形圖案，不僅呈現〈軛與星辰〉的意象，也呼應了古巴國旗上的那顆白星。塔前的馬帝雕像高達十八公尺，以白色大理石雕刻而成。

4・在主教街上一所以「荷西・馬帝」為名的小學。

5・卡斯楚奉行馬帝的解放思潮，而於一九五三年攻打蒙卡達軍營，拉開古巴大革命的序幕。一九九八年正逢攻打蒙卡達軍營事件四十五周年，古巴郵政發行紀念郵票，馬帝畫像後的背景就是蒙卡達軍營。

6・這張壁毯除了馬帝的肖像外，還有《樸實詩篇》中最熟悉的詩句：「我是真誠樸實之人／來自棕櫚生長之地……」。

一八五三年一月二十八日星期五，馬帝出生於哈瓦那舊區的一幢宅子。房子距當時的行政中心尚有段距離，與舊城牆僅咫尺，由地理位置可窺知馬帝一家的經濟狀況並不好。目前這幢宅子改為馬帝博物館，裡面收藏馬帝的手稿、書籍、照片等個人物品。馬帝是革命使徒、也是民族英雄、更是民主之父，顛沛流離的一生與古巴崎嶇坎坷的命運交織相連。

原來孤寂、嚴肅、憂鬱、落寞的外表下，馬帝有一顆赤子之心，蘊藏豐富情愫，以生花妙筆將這股情愫化成現代主義文學的特色。

看著那只刻著「古巴」字樣的戒指，彷彿見到古巴的太陽、海水與棕櫚樹，也彷彿見到西斯佩德斯等革命先烈的鮮血。古巴魂縈夢牽，馬帝決定離開西班牙。一八七六年，在瓦爾得斯的陪伴下，馬帝持假證件，越過庇里牛斯山，前往法國。自此，馬帝風塵僕僕為古巴解放運動奔波，遊走於墨西哥、古巴、瓜地馬拉、宏都拉斯等地。

一八七八年，「十年戰爭」結束，嚴重打擊獨立主義者，許多獨立志士因而喪失信心。馬帝不死心，自宏都拉斯返回古巴，並於隔年起義，孰料失敗，又遭殖民當局流放西班牙。這時的馬帝已娶妻生子，馬帝執著於獨立運動，因此造成日後夫妻失和而勞燕分飛。第二度流放西班牙，身在父母的土地上，卻心繫古巴，這回只停留了兩個月，馬帝又越過庇里牛斯山，取道法國前往美國。再度過著顛沛流離的日子，返往於委內瑞拉、加勒比海諸島與美國之間，只為了喚醒民族魂魄與土地認同，以求古巴獨立建國。

一八九二年，馬帝於紐約成立古巴革命黨(Partido Revolucionario Cubano)，與古巴島上的獨立主義者籌備獨立戰爭。一八九五年二月二十四日，古巴東方省(Oriente，或譯為奧連特)的巴依雷鎮(Baire)和其他地方陸續發出獨立呼聲，史稱「巴依雷之聲」(El grito de Baire)，第二次獨立戰爭終於點燃。同年五月，馬帝的軍營遭西班牙軍隊襲擊，突圍時，馬帝不幸中彈，於五月十九日為獨立運動捐軀，安葬在古巴聖地牙哥，結束四十二年的短暫生命。

從十六到四十二歲，馬帝將人生精華獻給古巴，生命火花絢爛璀璨，可說盡善盡美。在文學成就方面，詩、散文、小說、戲劇、論說文，樣樣精通、篇篇精采。他是孤寂的現代主義詩人，詩句沒有萎靡不振的無病呻吟，反而洋溢著青春活力，講究行雲流水般的美妙韻律，兼具唯美色彩。他是憂國憂民的革命先驅，以春秋之筆為大地母親謳歌，書寫政治思想，闡述美洲主義。

所謂美洲主義，並非狹隘的區域主義，而是馬帝承襲自解放者玻利瓦爾(Simón Bolívar)的美洲聯邦理想，也因此，馬帝的愛國心由祖國古巴擴及整個拉丁美洲。十九世紀初，玻利瓦爾解放南美洲之時，以「我們不是歐洲人，也不是印第安人，而是美洲人」告誡出生在美洲的白人，別再陷入歐洲血緣的迷思。土地認同已在玻利瓦爾身上發酵，但是，玻利瓦爾的「美洲人」並未含括印第安人和其他人種，換言之，玻利瓦爾的視野尚未擴及人種平等。馬帝不僅承先啟後，且超越前人，落實人種平等觀念。當馬帝為古巴獨立而戰之際，不忘宣揚拉丁美洲的文化認同，更大聲疾呼消弭種族藩籬。他在〈我的種族〉(Mi raza)一文如此寫道：「無論黑人、白人都有極為高尚的品格。」

顯然，馬帝的人種觀比玻利瓦爾的「美洲人」更圓融、更深具意義。的確，不論是印第安人、黑奴、混血人種，抑或中國苦力，雖被迫為奴，但協助白人開創美洲、致力墾殖之餘，亦對美洲文化留下雪泥鴻爪，占據重要的歷史扉頁。

馬帝反西班牙舊殖民主義的同時，他那顆詩人敏感的心意識到美國已蠢蠢欲動，他那雙政治家敏銳的眼睛察覺到美國霸權主義已悄悄逼近，於是他升起反美國帝國主義的旗幟。在〈我們的美洲〉(Nuestra

América)裡，馬帝指出美洲存在著兩個迥異的區域，即「拉丁美洲」與「盎格魯撒克遜美洲」，而兩者之間無論是血緣、文化、思想、語言均迥然不同。馬帝的「美洲」自然是「拉丁美洲」，而代表「盎格魯撒克遜美洲」的美國儼如「北方巨人」，正虎視眈眈，覬覦拉丁美洲。因此，馬帝呼籲「我們的美洲」應該精誠團結，才足以對抗美國的野心：「一排排緊密的樹林可以抵擋七里高的巨人啊！」

馬帝果真有先見之明！

一八九八年，古巴仍為獨立奮戰。美國政府派一艘名為緬因號(Maine)的軍艦赴古巴觀察戰況；孰知，緬因號突然在哈瓦那外海爆炸起火，艦上兩百六十八名美國海軍官兵全數罹難。根據失事鑑定，這場悲劇肇因於機房爆炸，美國卻一口咬定緬因號係遭西班牙魚雷襲擊，藉故向西班牙宣戰。西班牙不敵投降，透過巴黎條約(Tratado de París)，拱手將古巴讓給美國，同時割讓波多黎各、關島、菲律賓。一場美西戰爭不僅擊潰西班牙帝國，也改變古巴命運，更讓美國登堂入室進駐加勒比海，箝制拉丁美洲。

掙脫西班牙達長三百八十七年(西元一五一一——一八九八年)的殖民枷鎖，古巴受美國軍隊「託管」三年（一八九九——一九〇二年）後才於一九〇二年正式獨立，往後卻在獨裁暴政、美商經濟剝削與美軍干預中，載沉載浮。直到一九五九年古巴大革命勝利為止，美國霸權主義的囹圄足足有一甲子(一八九八——一九五八年)之久，馬帝字字珠璣的呼籲竟然一語成讖：「老虎在不知不覺中悄悄逼近，當獵物驚覺時，老虎已經撲過來了！」

馬帝的詩集裡，我最喜歡《樸實詩篇》(*Versos sencillos*)，是他於一八八九年冬天在美國所作，一八九一年出版。正如其名，詩句平易，以八音節方式書寫而成，內容回顧馬帝的一生，字字蘊藏鄉愁，也滿懷理想與希望，是典型的現代主義風格，富含象徵意義。例如棕櫚象徵古巴家鄉風情，陽光代表光明與正義，溪澗的細水長流乃耐力及雋永的表徵：

我是真誠樸實之人
來自棕櫚生長之地
我想在我臨死之前
歡唱心靈句句詩篇
……
別把我置於黑暗中
讓我像叛徒般逝去
我是好人而好人則
死亡之時迎向陽光
……
伴隨塵世的苦難人
我想獻上我的運氣

Yo soy un hombre sincero
de donde crece la palma
Y antes de morirme quiero
echar mis versos del alma
……
No me pongan en lo oscuro
a morir como un traidor
Yo soy bueno y como bueno
moriré de cara al sol
……
Con los pobres de la tierra
quiero yo mi suerte echar

山巒中的潺潺溪澗	El arroyo de la sierra
比海水更能滿足我	me complace más que el mar
……	……
金錢豹有一張毛皮	Tiene el leopardo un abrigo
盤踞險峻幽暗山林	en su monte seco y pardo
我勝過金錢豹許多	Yo tengo más que el leopardo
乃因我有一個摯友	porque tengo un buen amigo
……	……

詩中的「摯友」應該是指瓦爾得斯。馬帝懷鄉詩句於一九五〇年代被以〈關達納美拉〉(Guantanamera)曲調唱出，蔚成流行歌曲。原來的〈關達納美拉〉曲調，係古巴作曲家費南德茲(Joseíto Fernández)於一九四〇年代所譜寫，歌詠古巴東南部關達納莫地方的小姑娘，曲調旋律很適合即興填詞，填上馬帝的詩句之後，更讓這首曲子揚名海外。

馬帝的另一首詩〈軛與星辰〉(Yugo y estrella)，同樣膾炙人口。「軛」衍繹為「枷鎖」，意指被殖民的宿命，乃與生俱來；「星辰」猶如一盞高掛的明燈，象徵理想與目標。兩者均為人生的標誌。選擇了「軛」，就苟且偷生吧！選擇了「星辰」，就得在黑暗中負起照亮他人的使命。

馬帝繼承玻利瓦爾的解放思潮，卡斯楚則繼承馬帝的反美國帝國主義。若馬帝是高舉「星辰」的孤獨聖者，那麼獨自對抗美國的卡斯楚呢？

卡斯楚

卡斯楚與美國之間的豪賭，曾跌破許多政治觀察家的眼鏡，這場賭局持續了四十九年，是否因卡斯楚辭去國家元首職位而終局？

二〇〇六年七月三十一日，卡斯楚突然宣布必須接受腸胃手術，並暫時將政權委交胞弟拉屋爾(Raúl Modesto Castro Ruz)。如此消息震驚國際媒體，大家屏息以待，等著看號稱醫療水準高的古巴是否不辱盛名，也要看槍彈打不死、躲過七百三十六次暗殺的強人是否可以再逃過一劫，更要看拉屋爾接棒後古巴政局如何發展。卡斯楚手術期間我正好在墨西哥，透過ＣＮＮ西班牙語電視台、南方電視台(Tel Sur)的轉播，知道受訪的古巴島內居民以平常心看待，相信卡斯楚可以很快康復，並表示服從新領導人拉屋爾。相對的，流亡佛羅里達的古裔美人則情緒激昂，彷彿卡斯楚就此銷聲匿跡，而他們也即將返回祖國帶領古巴邁入民主政治。

卡斯楚的腸胃到底出了什麼問題？病情如何？古巴政府封鎖一切消息，神祕作風引發揣測。西班牙媒體因此大膽報導，認為卡斯楚經過三次手術，早已病入膏肓，命在旦夕。《經濟學人》也不諱言，直稱「Fidel Castro is clearly a sick man」。結果卡斯楚依然健在。足足有十九個月的時間，這位古巴強人吊足了國際媒體的胃口：術後短暫露面，粉碎病危傳言；故弄玄虛，八十大壽未露臉，引起外界諸多聯想；古巴大革命勝利紀念大會上缺席，讓人以為卡斯楚從此退隱江湖；突然出其不意，會見委內瑞拉總統查維斯(Hugo Chávez)，兩人談笑風生……

除了他的病情之外，國際媒體也揣測古巴政體的變革和未來接班人選。強人卡斯楚終究屈服於歲月，在二〇〇八年二月二十四日正式交棒。一如先前，流亡佛羅里達的古裔美人歡聲雷動，古巴島內居民雖然不捨但也坦然接受。

從生病卸下政權以來，卡斯楚一面休養，一面反思。顯然，老革命家要為歷史負責，他在病榻上整理多年來的演講稿，動筆寫反思錄(Reflexiones)。此時，卡斯楚的視野格局超越國家，放眼全球，關心生態、環保、生質能源等議題。在反思的同時，卡斯楚仍不忘藉機批評美國前總統布希。例如〈沒有人會從牛角來捉牛〉、〈寫給不願意聽的聾子〉再再抨擊布希的生質能源政策，以玉米、大豆、甘蔗等餵養汽車，占用人類糧食，造成糧食價格飆漲，全球三十億人口因而面臨糧荒。卡斯楚文筆犀利，有黑色幽默，布希被比擬成聽不見他人吶喊的聾子，陷他人於不幸。另外，布希的阿爾巴尼亞之行極為風光，受到英雄式的歡迎；對此，卡斯楚翫味文字，將阿爾巴尼亞首都「Tirana」(地拉那)改為陽性的「tirano」(暴君)，以〈暴君出訪地拉那〉(El tirano visita a Tirana)為題，嘲諷布希藉科索沃獨立拉攏阿爾巴尼亞人的心。雖然日薄崦嵫，卡斯楚批評布希的力道絲毫不減！

古巴，加勒比海明珠，開啟美洲大陸之門鑰，而古巴島形恰似一把鑰匙，插入墨西哥灣，極具戰略地位。當美國企圖干預拉丁美洲之際，卻出了一個卡斯楚，公然與美國作對。在卡斯楚的運籌帷幄下，古巴這把鑰匙頗似一根魚刺，骨鯁在喉五十載，一連十位美國總統都奈何不了他。

不必諱言，卡斯楚風燭殘年難再力挽狂瀾，接棒的拉屋爾也垂垂老矣，七十八歲的老人還有多少餘力可以延續卡斯楚的政策？然而，即便卡斯楚時代結束，卡斯楚長期對抗美國的高傲表現，使他贏得拉美左派勢

REVOLUCIÓN

es sentido del momento histórico;
es cambiar todo lo que debe ser cambiado;
es igualdad y libertad plenas;
tratado y tratar a los demás como seres humanos;
nosotros mismos y con nuestros propios esfuerzos;
iar poderosas fuerzas dominantes, dentro y fuera
del ámbito social y nacional;
es defender valores en los que se cree
al precio de cualquier sacrificio;
tia, desinterés, altruismo, solidaridad y heroísmo;
es luchar con audacia, inteligencia y realismo;
es no mentir jamás ni violar principios éticos;
ión profunda de que no existe fuerza en el mundo
az de aplastar la fuerza de la verdad y las ideas.
REVOLUCIÓN
es unidad,
es independencia,
os sueños de justicia para Cuba y para el mundo,
la base de nuestro patriotismo, nuestro socialismo
y nuestro internacionalismo.

1

2

1．對卡斯楚而言，革命具有歷史意義，一旦必須進行改革，就得義無反顧。

2．以馬艾斯特拉山區為基地，卡斯楚吹起古巴大革命號角，同時也改寫了古巴歷史。圖中坐著的是卡斯楚，左邊站立者為拉屋爾。

3．「Granma」不只是一艘汽艇，這個名字已銘刻在每位古巴人民的心扉上，更成為古巴共產黨的黨報之名。

4．交出權力後，卡斯楚仍關心古巴政局，也專注國際情勢，不時寫文章反思、或發表評論。

Tabloide Especial
Dos Reflexiones del Comandante en Jefe
·La máquina de matar
·La tiranía mundial
Reflexiones de Fidel
Granma
Granma
Una nueva etapa en la larga batalla por la justicia
4
3

力的精神領袖地位。以卡斯楚為榜樣，查維斯挾帶委內瑞拉盛產石油之優勢，極盡挑釁之能事，不斷對小布希叫囂，對歐巴馬也不時強調美國當年的所作所為，更提出南美洲和非洲大國之間的「南南合作」，試圖與歐美的北方勢力分庭抗禮。這種帶有卡斯楚精神的「查維斯模式」足以令美國頭痛。

卡斯楚如何改寫古巴歷史？

一九二六年八月十三日(亦有研究認為卡氏生於一九二七年)，卡斯楚生於古巴東方省馬亞利(Mayarí)的小村落比蘭(Birán)。東方省係西班牙殖民時代的行政區，一九七六年以降畫分為四省：歐爾金(Holguín)、葛拉瑪(Granma)、聖地牙哥、關達納莫。換言之，卡斯楚乃歐爾金人士。

先從父親安赫爾(Ángel María Castro Argiz)說起。安赫爾為西班牙加利西亞(Galicia)人，出身貧寒，於一八九五年加入西班牙軍隊鎮壓古巴獨立。對當時的西班牙而言，古巴雖為蠻荒之地，但食之無味、棄之可惜，因此極力鎮壓獨立運動，甚至後來不惜迎戰美國，以保留西班牙帝國最後顏面。西班牙戰敗，失去最後殖民地，一蹶不振；古巴則因烽火摧殘，滿目瘡痍，百廢待舉。安赫爾於一九〇五年重返古巴，展開新人生，經過多年奮鬥，成為富裕的蔗糖園主。安赫爾與當地一名女教師結縭，生下五名子女；妻子過世後，再娶莉娜(Lina Ruz Gonzáles)。安赫爾與莉娜育有三男四女，卡斯楚排行第三。

一九四五年，卡斯楚就讀哈瓦那大學的法學院，並以律師為志業。學生時代即允文允武，不但滿腹經綸，也是體育健將。但是，卡斯楚似乎對政治更有興趣，積極參加正統黨(Partido Ortodoxo)的政治活動。一九五二年，卡斯楚擬代表正統黨參選國會議員，為民請命，不料巴帝斯達(Fulgencio Batista y Zaldívar)政變，取消國會選舉，並實施軍事獨裁。

1．位於哈瓦那革命博物館(Museo de la Revolución)前面廣場的坦克車。一九六一年四月十七日，卡斯楚搭乘這輛坦克車趕往希隆灘，迎戰由美國中情局所策動的反革命部隊。

2．哈瓦那一所小學的上課情形。國民教育是卡斯楚最在意的政策之一。

一九五三年一月二十八日，卡斯楚利用馬帝的百年誕辰紀念日，發起群眾運動，喚起當年馬帝憂國憂民的情懷。七月二十六日，正值聖地牙哥的嘉年華會，卡斯楚再率領百餘名青年攻占蒙卡達軍營(cuartel Moncada)，試圖以此為基地，發展成全國性的革命運動。起義失敗，卡斯楚與拉屋爾等同謀被捕收押。十月十六日，在聖地牙哥一家醫院附設護校的禮堂內進行大審。在法庭上卡斯楚為自己辯護，辯詞以律師身分開場，話鋒一轉，道出司法不公，單獨囚禁被告，將他與外界隔絕：

> 從未有律師在執業時，遇到如此棘手情境；從未有被告所犯的罪行，竟是負荷千斤重擔。在這個案件中，律師和被告同一人。身為律師，沒有——甚至不能翻閱訴狀；人治與法律條文至上，因此，身為被告，遭羈押禁見，在孤冷的牢房內度過七十六天。

辯詞時而感性動人，時而慷慨激昂。文中指控獨裁政府的惡行惡狀，感慨軍隊淪為獨裁者的鷹犬，陳述社會腐敗原因，凸顯社會的不公不義，預言國家即將面臨浩劫，並告誡人民別再誤信獨裁者的花言巧語，最後以「歷史將宣判余無罪」(la historia me absolverá)畫下句點：

> 至於我，我知道堅固無比的牢房將為我而設，牢獄內充滿威脅，以及卑鄙無恥的改造訓練，但我不怕，那屠殺了七十位同胞的流氓暴君，他的怒火再大，絲毫無法令我恐懼。判我有罪吧！無所謂，歷史將宣判余無罪。

卡斯楚被判刑十五年，拉屋爾被判十三年，禁錮於監禁政治犯的松林島，當年馬帝也曾被監禁於此。這篇辯詞就以「歷史將宣判余無罪」為題，首次於一九五四年付梓發散，成為革命志士的圭臬，爾後也被許多國家出版成書，足見卡斯楚行文走筆間的文字魅力。

一九五五年，因群眾抗議浪潮不斷，卡斯楚及拉屋爾等獲大赦出獄。不就此沉寂，卡斯楚與同志成立「七二六運動」(Movimiento de 26 de julio)組織，為第二次革命暖身。「七二六」遙祭西斯佩德斯所發起的「十年戰爭」，也紀念蒙卡達軍營之役。

在巴帝斯達的高壓統治下，風聲鶴唳，卡斯楚與拉屋爾等人決定流亡墨西哥，在墨國招兵買馬，訓練游擊戰。一九五六年十一月二十五日，卡斯楚率領八十一名大鬍子(barbudos)戰友，重返古巴，展開歷時兩年的游擊戰。卡斯楚的游擊隊以古巴東南部的馬艾斯特拉山區(Maestra)為據點，解放思潮不久便獲得山區農民的回響。農民紛紛放下砍刀，拿起槍枝，游擊隊人數急遽增加，士氣如虹。巴帝斯達的軍隊不僅無法殲滅游擊隊，反而節節敗退，最後棄甲曳兵。

一九五九年一月一日，巴帝斯達棄國流亡，卡斯楚與游擊隊在人民的歡呼聲中進入哈瓦那，光榮結束古巴大革命。

古巴大革命推翻長達半世紀的獨裁統治，結束動盪不安的政局，具有畫時代意義，古巴人民引領而望，迎接新氣象。在拉美歷史裡，古巴大革命占據重要扉頁，係革新之象徵，尤其是卡斯楚後來的社會改革成效，鼓舞了拉美貧窮國家的左派分子。一九七〇至一九九〇年間，瓜地馬拉、薩爾瓦多、尼加拉瓜等國相繼爆發游擊戰，無不冀望以革命方式為窮人找尋春天。正所謂國家不患寡而患不均，「不均」是游擊戰的起因之一。

革命勝利初期，美、古尚未交惡，卡斯楚曾於一九五九年四月率團訪美；美方甚至視卡斯楚為另一個巴帝斯達，另一個傀儡。然而，卡斯楚的改革政策，特別是企業國營化政策，衝擊了美國跨國企業的經濟利益，於是，美國對古巴祭出貿易禁運與政治封鎖。卡斯楚不被威脅，持續進行改革，為了對抗美國，適時投靠蘇聯，拉攏中國。社會改革亦動及國內既得利益的特權階級和資產階級，因而引發四次逃亡潮，近百萬人流亡海外。逃亡潮反而減低改革阻力，在人人平等的原則下，卡斯楚政府落實教育、醫療、農業、土地、社會福利等各項改革，嘉惠了廣大貧民階級。

這正是卡斯楚的人格特質：逆水行舟，高傲不屈。

人民是卡斯楚義無反顧的責任，而他做到幼而學、壯而行，鰥寡孤獨廢疾者皆有所養，成為拉美國家的奇蹟。哥倫比亞作家馬奎斯(Gabriel García Márquez)與卡斯楚私交頗深，稱他為「當今最理想主義者」。古巴人民崇拜卡斯楚，祇仰他，但習慣直呼他的名字「菲德爾」，視他如大哥一般。

如果說卡斯楚的筆鋒充滿魅力，那他的口才更令追隨者如癡如醉。善於書寫外，卡斯楚口若懸河，舌粲蓮花，演講時不需備稿。據說，他曾有長達十四小時的演講記錄。號召群眾時，他的陳詞慷慨激昂，喚醒愛國情操；抨擊對手時，他正言厲色，句句犀利。為了順利執行改革政策，他親上火線，用誠摯的語氣向人民解說政令、解釋動機目的、剖析利弊得失，以獲得人民全力支持。對此，英國作家葛雷安．格林(Graham Greene)如此描寫：

> 在演講場合上，卡斯楚彷彿變了一個人似的，變得更深思熟慮。分析過程，坦承錯誤，陳述難處，但最難能可貴的是，他從不低估人民的智慧。

至於卡斯楚的私生活儼然祕密檔案，是街談巷議的話題。卡斯楚於一九四八年與蜜爾達(Myrta Francisca Díaz Balart)結婚，生下兒子菲德爾。卡斯楚並不忠於婚姻，和有夫之婦娜達莉亞(Natalia Revuelta)暗通款曲，並生下私生女艾莉娜(Alina Fernández)。與蜜爾達的婚姻維持六年，因卡斯楚投入革命而勞燕分飛。卡斯楚雖未再婚，但與數名女子關係密切；卡斯楚的女人亦甘於孤寂，個個不計較名分，最著名的一位應該是西莉亞(Celia Sánchez)。西莉亞係「七二六運動」成員之一，為卡斯楚在馬艾斯特拉山區進行游擊戰的後援，革命勝利後成為卡斯楚的左右手，最後不幸在一九八〇年死於肺癌。妲麗亞(Dalia Soto del Valle)為另一個紅粉知己，為卡斯楚產下五子，西莉亞過世後，取而代之成為卡斯楚目前最倚賴的女人。除了艾莉娜以及妲麗亞的五個兒子之外，卡斯楚尚有非婚生子女兩名。僅婚生兒子菲德爾任職於核能委員會，其他非婚生子女均未擔任公職，且行事低調；唯艾莉娜於一九九三年毅然反對父親，持假護照逃至西班牙，隨後落腳邁阿密，並於一九九八年出版自傳《卡斯楚叛逆女兒的回憶》(*Las memorias de la hija rebelde de Fidel Castro*)，挑起外界對卡斯楚家庭的好奇。

脫掉律師袍，改穿橄欖綠軍裝，再從一名游擊隊員搖身一變，成為國家元首。卡斯楚一生傳奇，他也不免俗，將「七二六」視為幸運數字，從這上面大做文章，以添革命神話。卡斯楚認為，他生於一九二六年，二十六歲投入革命運動，與「七二六」頗有巧合之處，而他的生日為「十三」，是「二十六」的半數，巴帝斯達下台時正好「五十二」歲，是「二十六」的倍數，這一切彷彿上蒼注定，命運安排。

國際對卡斯楚評價兩極化，褒貶參半，並常以人權問題、定量配給制攻訐他。對於外界批評他枉顧人權，這位老革命家就動氣。他表示，日內瓦聯合國人權理事會通過的人權法案有百分之八十係由古巴所提案，而美國對古巴的禁運與經濟制裁難道符合人權？卡斯楚在意的是社會主義改革，革命理念不容動搖，國家安全不許挑釁；然而，反革命人士卻奉行恐怖主義，訴諸暴力以阻止社會主義改革，危及無辜百姓。對卡斯楚而言，這些反革命人士就如同北愛爾蘭分離主義者、西班牙巴斯克分離主義者或一九七〇年代的義大利赤軍派，以恐怖手段來達到己身目的，何嘗不是人權的危害者？

數據會說話。在卡斯楚的執政下，古巴的文盲率僅百分之三，兒童死亡率千分之六，醫療免費，平均壽命為男人七十四點四歲，女人七十九點四歲。再者，古巴的生化科技進步，公衛體系完善，除了造福古巴人民之外，亦秉持國際主義精神，援助拉丁美洲和非洲國家。這些與隔著向風海峽(Paso de los Vientos)的海地相較之下，簡直天壤之別，也是許多國家望塵莫及。自由民主的資本主義造就「M型社會」，威權的社會主義國家雖然物質生活不豐裕，但提供人民安身立命的基本保障。擁有新聞自由與政治公民權就等於享有完備的教育和醫療照顧嗎？孰好孰優，見仁見智，但卡斯楚的努力不容否認。

艱辛度過美國封鎖，卡斯楚不僅交出漂亮成績單，也促成拉美十多個國家於二十一世紀向「左」轉，古巴總算不再孤寂。

締造神話半世紀，卡斯楚終究不是神，隨著後卡斯楚時代的來臨，古巴政體變革已勢在必行。走筆至此，突然好想知道，古巴大革命勝利周年紀念大會未來是否依然年年萬人空巷？

切·格瓦拉

出生於阿根廷，加入古巴大革命，遠赴剛果進行解放之戰，組織玻利維亞民族解放游擊隊，後來被捕就義，最後成為全球年輕人的流行偶像——切・格瓦拉(Che Guevara)一生精采且充滿傳奇，絕不亞於卡斯楚。

然而，是誰締造出切・格瓦拉神話？是他自己？還是卡斯楚？

本名為艾內斯托・格瓦拉・德拉賽爾納(Ernesto Guevara de la Serna)，古巴同志暱稱他為「切」，源自阿根廷的稱呼語，意思為「老兄」，我們也如此稱之。

他的精采人生始於兩趟美洲之旅。

第一次即摩托車之旅。當時切還是醫學院的學生，好友艾柏托・葛納多(Alberto Granado)早已完成藥理及生化學業，並在痲瘋病院工作。為了工作需要，艾柏托買了一輛摩托車取名「強力一號」；「強力一號」故障後，再購買一輛諾頓(Norton)五百ＣＣ的二手機車，取名「強力二號」。明明是老舊機車，卻故意取名「Poderosa」(強力)，足見年輕人的嬉戲本性。艾柏托想四處訪視痲瘋病院，因而提議南美洲摩托車之旅。一九五一年，「強力二號」恰似「駑騂難得」(Rocinante)，載著堂吉訶德與桑丘，執行濟弱扶傾的理想。切記錄了這趟瘋狂旅程，寫下追求理想的青春熱情；爾後這本名為《革命前夕的摩托車之旅》(*Notas de Viajes：Diarios en motocicleta*)不僅迻譯成多國語文，也被拍攝成電影，令不少青年學子羨慕不已。

進行第二次美洲之旅時，切已取得醫學院的學位。一九五三年五月，他由祕魯、委內瑞拉、厄瓜多往北走，來到瓜地馬拉。在瓜地馬拉，結識了一群古巴異議分子，這群異議分子因加入卡斯楚所領導的蒙卡達之役而被迫流亡瓜國，其中一位就是卡斯楚的胞弟拉屋爾。此外，切也認識祕魯女子伊爾達・賈德亞(Hilda Gadea Onfalia)。伊爾達曾任祕魯「美洲人民革命聯盟」(Alianza Popular Revolucionaria Americana，簡稱ＡＰ

RA)新聞部祕書，APRA成立於一九二四年，係當時美洲最左派的政黨，伊爾達的革命思想引起切的共鳴，兩人因而墜入愛河。透過伊爾達穿針引線，切與拉美各國流亡人士交往密切。

此時，瓜地馬拉總統亞本茲(Jacobo Arbenz Guzmán)正進行土地改革，動及美國聯合水果公司(United Fruit Company)的利益，聯合水果公司便與中情局聯手，誣詆亞本茲政權遭赤化。美國政府藉口維護「反共原則」和「集體安全」，以武力推翻亞本茲政府，派轟炸機將瓜地馬拉市炸成千瘡百孔，FBI聯邦幹員四處搜捕左派思想分子，伊爾達也因此遭短暫拘留。眼見無法在瓜地馬拉駐留，切及伊爾達只好逃至墨西哥；對此，切在給母親的家書中如此寫道：

> FBI聯邦幹員四處搜捕，甚至直接殺害那些被聯合水果公司視為危險分子的人，在這當下我逃到了墨西哥……

經歷了這兩次旅行，切看到的是美洲綺麗風光背後的貧窮，他寫下：

> 因旅行環境之故，第一次是學生身分，第二次是醫生角色，讓我認識了貧窮、飢餓和疾病；我面對了無法救治一個孩子的窘困，就因為缺錢；我看到了飢餓以及接踵而來的折磨，讓一個父親束手無

1
2

3

4

6

5

1・古巴內政部大樓。外牆上以鍛鐵雕飾出切的容顏，並題上那句耳熟能詳的名言：「迎向勝利，直到永遠。」

2・切儼然大兄一般，市場肉攤的牆上仍可看見他那戴貝雷帽、叼著雪茄的形象。

3・「可兌換古巴披索」面額三元。紙鈔上，印製了切在聖塔克拉拉的雕像，紀念切所領導的縱隊為古巴大革命譜下勝利的樂章。

4・古巴披索面額三元，以攝影家柯達所拍攝切的照片為藍本。

5,6・一尊銅像、一張織品，切的容顏彷彿文字，傳達理想、勇氣、熱情與氣度。

1

2

1．反美國資本主義的圖騰突然成為最熱賣的商品，是幸？還是不幸？切的理想遭踐踏？還是被消耗？其實這沒什麼大不了，切是一曲雋永的革命之歌，值得世世代代傳唱下去，印有切容顏的T恤、卡片、貝雷帽⋯⋯若能引發更多人渴望認識切，不也是好事一樁。

2．古巴大革命期間，切負責「反抗電台」；大革命後，切也參與各項社會改革；古巴郵政每逢重大事件周年，必定以切的肖像發行紀念郵票。

CUBA
CORREOS 2003
65
45 ANIVERSARIO
RADIO
REBELDE

2006 CORREOS Cuba
45
ANIVERSARIO
RECUPERACIÓN DE
MATERIAS PRIMAS
15

CUBA 5
35 ANIV. DE LA MUERTE DE ERNESTO CHE GUEVARA
Correos 2002

CUBA 15
35 ANIV. DE LA MUERTE DE ERNESTO CHE GUEVARA
Correos 2002

CUBA CORREOS 1997 75
V CONGRESO DEL PARTIDO COMUNISTA DE CUBA
XXX ANIVERSARIO DE LA CAIDA EN COMBATE
DEL GUERRILLERO HEROICO Y SUS COMPAÑEROS

CUBA CORREOS 2007
45
75
ALEGRES
UNION DE JOVENES COMUNISTAS
EN LA VANGUARDIA

CORREOS
CUBA
40
ANIVERSARIO
40 ANIV. RECUPERACIÓN
DE MATERIAS PRIMAS
65

策，接受孩子死去的事實，而這彷彿一樁單純的意外……我終於明白了，當務之急就是成為聞名的科學家，或致力於醫藥開發：我要救濟所有的人。

瓜地馬拉事件後，墨西哥成為拉美各國異議分子的庇護之處。在墨西哥，切或以拍照為生，或在醫院工作，或到書局任職，他好像忘了懸壺濟世的宏願，《拉美醫生的社會功能》(*Función Social del Médico en América Latina*)一書撰寫了兩章之後就暫時擱置，一心一意關注拉丁美洲的政治情勢，不時與古巴流亡人士聚會。

與卡斯楚的那場歷史性會面，徹底改寫切的人生。切如果沒有遇見卡斯楚，他可能一輩子滯留墨西哥，當一名默默無聞的小醫生，與伊爾達長相廝守？一個理想主義者應該不甘於平凡。

一九五五年七月，透過拉屋爾的引薦，在古巴異議分子瑪麗亞・安東妮亞・貢薩雷斯(María Antonia González)家中，卡斯楚與切終於見面了。七月正值墨西哥雨季，海拔兩千四百公尺的高原城市入夜後寒氣襲人，瑪麗亞・安東妮亞應該幫兩人煮了一壺熱咖啡，好讓兩大巨頭促膝談心。但談了些什麼？

在墨西哥城的一個寒冷夜晚，我會見了他。我記得，我們首次談話內容圍繞在國際政治上。從深夜至拂曉，短短數小時裡，我儼然未來遠征隊的一員。

一名瓜地馬拉亞本茲追隨者有意加入古巴革命軍，但遭卡斯楚婉拒。切竟然這麼順利就進入卡斯楚的決策核心，並到墨西哥城外的聖塔羅莎(Santa Rosa)農莊接受游擊戰訓練，可見卡斯楚慧眼識英雄。卡斯楚回憶說：

> 因他的純真、氣節、沉著、博愛，當然也因他的人格特質及創造力，他是那種第一眼就可贏得友誼的人。

一九五五年，恰好阿根廷總統貝隆(Juan Domingo Perón)倒台，阿根廷政局混亂。切本來就反對以民粹為後盾的貝隆主義，好友羅哈(Ricardo Roja)一家與阿國未來的政治領袖佛朗迪西(Arturo Frondizi，總統任期為一九五八至一九六二年)交情頗深，意圖說服切返回阿根廷為佛朗迪西效命。切本來答應了，臨行前抽腿，以游擊戰方式建立新世界似乎比較適合他。

伊爾達得知切的決定後，不讓鬚眉亦想加入革命軍，只是她當時身懷六甲而作罷。一九五六年二月十五日，女兒伊爾達(Hilda Beatriz Guevara Gadea)出生，暱稱為「伊爾蒂達」(Hildita)，即「小伊爾達」之意。初為人父，切稱他的伊爾蒂達為「一朵最美的愛情之花」，並寫了一首詩：

生氣勃勃的莖枝
有阿根廷的樹皮
枝梗堅挺
來自安地斯山區
祕魯賜予她血統
溫柔，清秀，黃褐膚色
墨西哥土地則
賦予她優雅滿滿

卡斯楚彷彿早就洞悉歷史運行軌道，一見到這個剛出生的女娃，便預言伊爾蒂達將在古巴長大成人；果真，伊爾蒂達因父親之故，後來入籍古巴。古巴是切的命運舞台，給母親的信上寫著：

> 我的未來與古巴大革命緊緊相連，不是與她共享勝利，就是與她共赴黃泉。

一九五六年十一月二十五日，為了理想，切拋下伊爾達與襁褓中的女兒，隨著卡斯楚的革命軍前進古巴。切本出任游擊隊的隨軍醫生，但在槍林彈雨中他改變了初衷，日記上記錄選擇醫藥箱或子彈的心情：

> 一名同伴掉了一箱子彈在我的腳邊，我提醒他，清晰記得當時他以焦慮的表情告訴我，現在無法顧及子彈……或許那是第一次必須面臨抉擇，到底要盡醫生天職？還是履行革命軍的義務？眼前有一袋藥品及一箱子彈，兩樣同時背負太過沉重，無法行動，最後我拿起子彈……

雖然最後選擇了子彈，切仍不忘隨軍醫生本分，他在一九五七年的日記上寫著：

> 在進攻烏貝羅(Uvero)時，同志紛紛受傷，整個六月就在急救同志中流逝；此外，還得組織小隊，好與菲德爾的縱隊匯合。

由切所領導的革命軍在聖塔克拉拉(Santa Clara)一役，大敗巴帝斯達軍隊，古巴大革命勝利在即。但是，切無法預知這個城市將要被尊稱為「格瓦拉城」，當然他也沒意料到將會長眠於此。

切前往古巴後，伊爾達便帶著女兒回到祕魯，並在祕魯組織一個「七二六運動」後援會，支持古巴大革命。一九五九年一月一日，古巴大革命勝利後，伊爾達隨即帶著伊爾蒂達到哈瓦那，以為從此可與切團聚；無奈，切另結新歡，與亞蕾伊達・瑪奇(Aleida March)出雙入對。伊爾達只得接受事實，黯然於五月二十二日與切離異，好讓切再婚。

卡斯楚取得政權後，切擔任古巴社會主義革命統一黨中央領導人、國家銀行總裁、工業部部長，也代表古巴出訪多國。切永遠不安於現狀，或者更貼切的說，他不眷戀權位。以革命解放全世界的理想盤旋腦海，因而悄悄離開古巴，到剛果進行解放游擊戰。剛果行動無功而返，但切不氣餒，況且何必捨近求遠，他可以以自己的拉丁美洲為基地，再將革命思想傳播至世界各地。

再度告別了古巴與卡斯楚，拋下伊爾蒂達，以及和亞蕾伊達・瑪奇所生的四個稚子，切帶著十七名志願軍，於一九六六年十一月七日潛入玻利維亞山區，進行他人生的最後戰役。

一九六七年三月二十三日，展開玻利維亞第一場游擊戰，大勝。勝利的喜悅並未持續太久，自四月十日起，開始有隊友在戰役中犧牲。為了護送法國記者德布萊(Debray)和負責阿根廷聯絡網的布斯托(Bustos)離開戰區，切帶領前鋒和中路先行出發，暫時與華金(Joaquín)的後衛隊分開。怎知山重水複，兩隊人馬竟然各自迷失在山區裡，永遠沒再會合。六月十四日，正是切三十九歲生日，同時女兒西莉亞(Celia Guevara March)滿四歲，面對襲擊而來的頹敗氛圍，他視而不見，在日記上寫下：

> 這個應該思索游擊隊員未來的年紀終於殘酷來臨，至少目前我仍「完整」。

華金的後衛隊也一個個殞落，甚至還有人叛逃。八月三十一日，後衛隊那僅存的九人在渡河時遇到埋伏，一人逃脫，二人被俘，其餘六人悉數慘遭殲滅[1]。兩天(九月二日)之後，切透過收音機得知消息，卻不願相信，依然上窮碧落下黃泉，找尋失散的隊友。或許他早就嗅到死亡味道，卻在挫敗中堅持那渺茫的希望，正如九月摘要裡的記錄：

這本該是休養生息的一個月，差點就做到了；然而，米開爾(Miguel)、大頭(Coco)和胡利歐(Julio)誤中埋伏而陣亡，讓一切希望都落空，我們也隨之陷入危險關頭……電台不斷提到華金後衛隊陣亡的消息，新聞似真性頗高，這支隊伍也許已慘遭殲滅，但是，也可能有一小隊人馬正游移於山中，避免與政府軍交鋒……

華金的後衛隊中有一位美麗成員，即妲妮亞(Tania)。妲妮亞本名為達瑪拉・邦柯・拜德(Tamara Bunke Bider)，出生於阿根廷，入籍東德，與切相識於古巴，之後擔任切在玻利維亞的眼線。據說，妲妮亞是切的祕密愛人；也有一說，妲妮亞是雙面間諜，她出賣了切，進入戰區時，故意未將吉普車藏好而暴露行蹤，華金後衛隊遇害前，她早就逃之夭夭，後來打死一位女性友人，偽裝成自己遇害，屍首七天(九月七日)後才被

1．八月三十一日，後衛隊不幸遇上伏兵，「黑人」(Negro)沿著河流逃走，不過還是於九月三日被捕，隨後遭殺害。「艾納斯托」(Ernesto)雖被捕，但因不拒絕與軍方合作而被殺害。「巴可」(Paco)被俘後，除了替軍方指認陣亡游擊隊員身分外，也提供情資，並在卡米立法庭上招供，被監禁在卡米立直到一九七〇年才獲釋。

發現。然而，根據切的日記，當時的妲妮亞病懨懨，真能偷天換日，實在難以置信。

一九六七年十月七日，在切的領軍下，一支僅十七人的游擊隊乘著淡淡月光行軍。隊友中，有人在上次戰役中受了傷尚未痊癒，有人因長期脫水與營養不良而虛弱無比，也有人視力差不宜夜行，更有人罹患重病已是氣若游絲，一路踟躕而行。夜深了，切終於下令紮營歇息，但身為司令的他卻仍不得鬆懈，拿出行事曆詳細記下該天所發生的一切，也寫下他最後的文字：

> 自游擊隊成軍以來，至今已滿十一個月了。情況不複雜，還頗有田園味道……在慘淡月色下，我們十七人疲憊的走著，一路上在峽谷留下太多行蹤。附近沒有住家，只有引自溪澗灌溉的馬鈴薯田。凌晨二點，我們停下來休息，因為再前進毫無益處……

經過短暫的休息，十七人再度踏上茫茫路途，每踏出一步，英雄史詩便逐步走入尾聲。由晨光熹微到旭日初昇，再到日正當中，游擊隊可藉熒熒晝光清楚觀察地形，但也讓他們暴露於危險中；果真，就在溪澗旁飲水解渴之際，被無花果村的村長兒子窺見而敗露行跡。駐紮附近的玻利維亞軍方，接獲密告之後立即派遣兩連士兵，外加一支飛行中隊，傾力圍剿。從白晝到日落，游擊隊受困於猶羅(Yuro)峽谷。終於，隊友四人陣亡，切和其他兩人被捕，另有十人暫時僥倖突圍。[2]

切的一條腿受了傷，M-2步槍被子彈打壞了，彈盡援絕，注定英雄樂章必須畫下休止符。隔天，在中情局的授意下，切被處決。玻利維亞軍方向國際媒體公開切遭處決的照片。照片中的切，頭髮零亂，眼睛半張，上身裸露，彷彿受難基督，切的神話就此展開。

切和隊友的遺體遭隨意丟棄，埋沒於玻利維亞山區，直到一九九七年才被挖掘尋獲，送回古巴，長眠於聖塔克拉拉。

切死亡的消息傳至古巴後，卡斯楚起初不信，反覆查看切遭處決的照片，以為敵人故意散播謠言。不久，切被拓印的指模、被剁下的雙手，以及山區作戰日記輾轉送交卡斯楚手中後，他終於相信切遇害了。於是，卡斯楚訂定十月八日為英勇游擊隊員日(Día del Guerrillero Heroico)，全國為切哀悼三天；卡斯楚將切的神話推向高峰。一九六八年，古巴出版切的最後手記，題為《玻利維亞日記》(*El diario del Che en Bolivia*)，由卡斯楚親自寫序：

> 加入游擊隊期間，切習慣將每日的觀察詳細記錄於個人日記中……爾後參閱這些筆記，切編纂古

2．幾天之後，十名突圍的隊員又遭玻國軍方伏擊，四人於十月十四日喪生，一人於十一月十五日陣亡，五人撤離游擊戰區。五名倖存者中，彭波(Pombo)、貝寧諾(Benigno)、烏巴諾(Urbano)三名古巴隊員於一九六八年二月自玻利維亞逃到智利，在智利政府的協助下前往大溪地，途經巴黎、布拉格，終於在同年三月六日返回古巴；印弟(Inti)、達利歐(Darío)兩名玻利維亞隊員再度重組玻利維亞民族解放軍，但不幸分別於一九六九年九月九日和十二月三十一日遭擊斃。

巴革命戰爭歷史，寫出一篇篇充滿革命性、教育性以及人文內涵的壯麗史實。

為何玻利維亞游擊戰會失敗？

有人歸咎於卡斯楚，認為卡斯楚不願革命輸出才讓切在玻利維亞孤軍奮戰，導致失敗。這種說法對卡斯楚有欠公允，古巴不僅遭受美國的禁運，也得對付反革命的恐怖行動，生死存亡之際，卡斯楚僅能提供游擊隊訓練，以及部分的金錢和武器支援，對切如此，對尼加拉瓜桑定民族解放陣線(Frente Sandinista de Liberación Nacional)也是如此。游擊隊只是星星之火，要燃燒成革命熾火必須贏得認同才行。

卡斯楚的大鬍子游擊隊得以短短兩年光景解放古巴，可說是天時地利人和：卡斯楚的運籌帷幄，加上「七二六運動」成員於各地響應革命，以及贏得山區農民的大力支援。

雖說拉美國家彼此有相同血緣的民族情愫，但對玻利維亞人民而言，切仍是「外國人」。一九六六年十二月三十一日，切與玻利維亞共產黨第一書記蒙赫(Mario Monje Molina)會談。蒙赫表示，既然起義行動發生在玻利維亞領土上，政治軍事指揮權由他擔負。但是，切不從，因而造成切的民族解放游擊隊與玻共貌合神離，為日後失敗埋下伏筆。除了切之外，隊員中缺乏具有領袖魅力的玻利維亞民族英雄，來號召全國各地的有志之士投入革命。再者，隊員軍心渙散，頻頻出錯。此外，安地斯山區的農民不但不支持切的游擊隊，甚至告密出賣。整支游擊隊人數最多時才四十七人，一路殞落，到切被捕前夕只剩十七人。剛果行動未能奏功，玻利維亞游擊戰幾乎全軍覆沒，兩者簡直如出一轍。

切與卡斯楚之間的友誼，甚至心結，經常被拿來大做文章。有人認為切與卡斯楚理念相左，因而離開古巴。到底實情為何？不便揣測；質言之，沒有卡斯楚就沒有切。迄今，古巴孩童就學時，必須高唱愛國歌曲〈願師法切〉(¡Seremos como el Che!)。切代表革命動力，是古巴人民永遠的同志，是拉丁美洲反美國帝國主義的神主牌；簡言之，是圖騰，也是符號。

半世紀以來，切的人道精神與英雄氣概成為革命典範。更為甚者，由古巴攝影家柯達(Alberto Korda)所拍攝的那張經典照片被視為英雄不朽的圖騰，被不斷複製，也被商品化。他那戴著貝雷帽的模樣、蓄著鬍鬚的容顏、豪邁不羈的形象，出現於畫冊、明信片、海報、郵票、馬克杯、T恤上。有關他的傳記、音樂、電影紛紛出籠，為他的精采人生增添傳奇。

在「商品化」與「神格化」的推波助瀾下，切宛若「超級巨星」，世人似乎過於強調他的傳奇，雖不致忽略他的革命理念、哲學思想，卻鮮少探討其文學素養。被定位為革命家、思想家，切的政治思想被集結成冊陸續出版，作為革命圭臬，生前的書信、日記也成炙手可熱的收藏商品。

切進行游擊戰時，除了軍備外，總會準備一些書籍，伴他踏上革命之路。這回的玻利維亞解放之戰，為了減輕背包重量，他以潦草筆跡，密密麻麻抄寫了紀廉、巴耶荷(César Vallejo)、聶魯達(Pablo Neruda)、菲利浦(León Felipe)等偉大詩人的作品，共計六十九首，撫慰孤寂心靈，並陪他到生命的最後一刻。

品讀切的書信，彷彿沉浸於「散文」(prosa)之中，熱情洋溢。翻閱《革命前夕的摩托車之旅》，頗有「隨筆」(ensayo，即論說文)之風，文中透露出年輕人的熱情、道德、沉著、機智、幽默、氣度、經歷、

1・切善於書寫，《革命前夕的摩托車之旅》、《古巴革命紀實》都是膾炙人口的作品。熱愛風雅的他，在綠色筆記上抄寫了六十九首詩，伴他踏上革命之路。如今這本綠色筆記也被出版成書，題為《切的綠色筆記》。

2・《玻利維亞日記》是切的最後手稿，也是出版界最感興趣的一部作品。圖為各種版本的《玻利維亞日記》。

3・一九六六年十一月七日，切抵達玻利維亞山區的游擊隊基地，信心滿滿的他，一如往昔，拿起行事曆，以飄逸字跡喜寫下第一句話：「今日展開新里程。」

4・是浪漫主義作祟？切在被捕的前夕寫下：「自游擊隊成軍以來，至今已滿十一個月了。情況不複雜，還頗有田園味道……」他被處決後的樣子彷彿耶穌受難，不朽英雄神話也由此展開。

夢想、蛻變。閱讀《玻利維亞日記》，雖是日記，但絕非單純的編年紀事，讀者可從字裡行間找到孤獨，體驗英雄最後詩篇的節奏起伏。

切也作詩、寫文評、創作故事集，只是他熱中於游擊戰，無暇琢磨文筆，再加上這些文學作品多數未曝光，導致文學天賦未能如政治丰采一樣耀眼。如果切未加入卡斯楚的大鬍子游擊隊，他應該不會是優秀的醫生，可能是出色的作家。

抛開革命英雄的帥氣容顏，切的文采與思想是否更為精采？

大鬍子游擊隊

卡斯楚以一支「大鬍子」游擊隊擊潰巴帝斯達的千軍萬馬，改寫古巴歷史。對這支大鬍子游擊隊大家知多少？這是一支什麼樣的隊伍？為何稱之「大鬍子」？

無自由毋寧死(libres o mártires)！年齡約在二十五至三十五歲之間，這群以生命鋪設古巴未來的熱血青年，是受到卡斯楚的蠱惑？抑或理想主義作祟？抑或天真爛漫？他們是否曾經害怕？內心是否曾為己身盤算？每當回顧這群年輕人的道德與勇氣時，不由想起切給卡斯楚留書中的片段：「有天大家問起，如果死了，要通知誰？這個可能會成真的事實衝擊了眾人。」的確，革命道上不成功便成仁，相信這群大鬍子心裡有數。

時光回溯至一九五五年，卡斯楚等古巴流亡分子在墨西哥東藏西躲，祕密組織游擊隊。一九五六年二月正式展開軍事訓練，準備一舉推翻巴帝斯達政權。軍事訓練營設在墨西哥城外的聖塔羅莎農莊，由巴優(Alberto Bayo)負責培訓。巴優曾投效西班牙第二共和，官拜上校，在西班牙內戰期間(西元一九三六——一九三九)表現英勇，不只為卡斯楚訓練游擊隊，爾後也被尼加拉瓜桑定民族解放陣線游擊隊尊為榮譽將軍。

雖然行事謹慎保密，巴帝斯達在古巴還是得到風聲，因而向墨西哥政府施壓，要求墨國羅織各種罪名逮捕古巴流亡分子。一九五六年六月二十日，卡斯楚最先被以違反交通規則逮捕，同一天夜裡，也有多人被捕，關了幾天後釋放。六月二十四日，得知墨西哥政府有意以非法居留罪名逮捕聖塔羅莎農莊的流亡分子，卡斯楚擔心己方弟兄拒捕而與墨國警方展開火併，於是趕往聖塔羅莎農莊，要求弟兄棄械就範。就這樣，卡斯楚和弟兄一共二十八人被送進拘留所，切也在其中。卡斯楚動用了他在墨西哥政府的人脈，才得以讓這群古巴流亡人士無罪開釋，於七月九日起陸續離開拘留所，僅留下卡斯楚、切及賈西亞(Galixto García)三人因簽證過期而持續遭監禁。七月二十四日，卡斯楚獲釋。切及賈西亞於八月中離開拘留所，但必須於十天內離境。兩人當然沒有在十天內自動離境，而是四處藏匿，等待卡斯楚的指示。

卡斯楚認為墨西哥已非久留之地，決定即刻返回古巴。與古巴「七二六運動」組織商議，卡斯楚的游擊隊預定於十一月三十日抵達古巴，屆時「七二六運動」成員於古巴各地響應革命行動。十一月二十五日凌晨，散居各處的游擊隊員身穿橄欖綠軍服，佩帶「七二六運動」臂章，於墨西哥委拉克魯斯(Veracruz)杜斯潘河(Tuxpán)的渡船口集合，準備登上葛拉瑪號(Granma)汽艇，與歷史同行。

葛拉瑪是卡斯楚向一名美國商人購得的二手木製遊艇。「Granma」即英文的「grandmother」，一九四三年出廠，長十三點二五公尺，寬四點七九公尺，雙引擎，四個汽缸，可搭載二十五人。雖然是一艘舊船，葛拉瑪的狀況還算不錯，卡斯楚將她交給技師改裝為可承載八十人的汽艇。

十一月二十五日，竟然來了八十五名游擊隊員，葛拉瑪還得裝載武器、糧食和其他配備，顯然有人不能如願，必須被除名於古巴大革命之外。除了軍備之外，卡斯楚不准游擊隊員多帶個人物品，甚至在糧食上也斤斤計較，最後只好以體重為限，捨下體重最重者。葛拉瑪還是超載，擠進了八十二人。八十二人中有四名外國籍：阿根廷籍的切擔任隨軍醫生，多明尼加籍的梅西亞(Ramón Mejías)擔任駕駛，以及義大利籍的唐納(Gino Donne)和墨西哥籍的奇燕(Guillén)。

為了躲避墨西哥海防隊的查緝，一行人搭乘葛拉瑪，摸黑沿著杜斯潘河出海。這趟海上之行宛如希臘神話的奧德賽海上漂流，面臨多項考驗。首先，正當橫渡墨西哥灣之際，遇到惡劣天候。十一月雖非加勒比海的颶風季節，但墨西哥灣與加勒比海交會處暗潮洶湧，再加上突如其來的狂風巨浪，大大影響行船。在驚濤駭浪中，身強力壯的勇士也難免暈船，吐得七葷八素。葛拉瑪畢竟是老船，不斷浸水，游擊隊員一邊嘔吐、一邊舀水，狼狽不堪。

第二個考驗是飢餓。經歷了惡劣天候，葛拉瑪好不容易穿梭蓋曼群島(Cayman Islands，或譯為開曼群島)，全力駛向古巴，然而，朦朧天氣讓葛拉瑪迷失了方向，遲遲不見古巴的克魯斯岬(Cabo Cruz)。葛拉瑪在海上航行了七天，比預定航行程多出兩天，油料箱幾乎見底，而原先準備的糧食本就不多，數千顆柳橙、四十八罐煉乳、六條火腿、兩箱雞蛋、一百片巧克力、十磅麵包、飲用水全部罄空。唯一的慰藉則靠隊員以一把吉他不停彈奏〈關達納美拉〉，一遍又一遍唱著馬帝的詩句，馬帝的革命精神鼓舞了大伙，忘卻飢餓。

十一月三十日，國內「七二六運動」同志早在克魯斯岬部署一支百人的卡車部隊，準備接應卡斯楚的游擊隊，待兩軍匯合後先進攻尼格洛(Niquero)和曼沙尼優(Manzanillo)，再轉往馬艾斯特拉山區。不料，葛拉瑪不但遲到，且未在預定地克魯斯岬登陸，偏離到拉斯科羅拉達斯海灘(Las Coloradas)，原先擬定的作戰計畫全被打亂。十二月二日拂曉，葛拉瑪終於姍姍來遲。「七二六運動」同志不知他們會在拉斯科羅拉達斯登陸，因此無法預先部署接應，亦無法聲東擊西，好讓游擊隊安全登陸。拉斯科羅拉達斯乃沼澤地，與其說葛拉瑪是登陸，不如說是擱淺。曉色漸明，游擊隊員暴露在危險之中，為了躲避巴帝斯達政府嚴密的海空搜尋，必須立即跳下船，游泳上岸，穿越沼澤、深入灌木林、橫越蔗園，徒步朝向馬艾斯特拉山區前進，以馬艾斯特拉山為據點，展開生死茫茫的游擊戰。

拉斯科羅拉達斯距馬艾斯特拉山約五十公里，短短路程，危機重重。就在搶灘之際，一名漁夫發現了他們，於是向政府當局告密。巴帝斯達的空軍隨即到來，朝海岸掃射，游擊隊員匆匆躲進灌木林。躲進灌木林之後，清查人數，有八名隊員失散；顧不得失蹤人員，游擊隊員得繼續往前走。蔗田裡的農民好心提供食物，讓這群餓到手腳發軟的游擊隊員飽餐一頓。但是，正當狼吞虎嚥之際，傳來戰鬥機陣陣的機槍掃射聲音，眾人急忙躲到甘蔗田，茂盛的甘蔗林成為最佳掩護。

此時，巴帝斯達宣稱軍方已殲滅卡斯楚的游擊隊，以打擊革命軍士氣。消息發布後，舉國譁然，游擊隊果真壯志未酬身先死？事實與謠傳相差甚遠，當地農民一路上伸出援手，游擊隊好不容易於十二月三日凌晨來到馬艾斯特拉山麓。白天躲避炮彈，夜裡往山區前進，生死攸關，游擊隊顧不得儀容，個個不修邊幅，髭鬚凌亂，此乃「barbudos」(大鬍子)的由來。我們就以「大鬍子」稱之。

三日深夜，在當地人維加(Tato Vega)的指引下，大鬍子順利進入山區，安然度過一天(十二月四日)，大啖好心人提供的沙丁魚罐頭，或大啃甘蔗園內的甘蔗。孰知這竟是暴風雨前的寧靜，大鬍子完全沒料到維加背叛了他們，偷偷向當局告密。

十二月五日，大鬍子來到亞雷格利亞德畢歐莊園(Alegría del Pío)，對呼嘯而過的戰鬥機習以為常，逐步踏入陷阱——巴帝斯達軍隊已布下天羅地網等待著他們。午後四時四十五分，在陸空夾攻下，大鬍子儼如甕

1．哈瓦那車站大廳的一幅巨型壁畫，以〈大革命的黎明頌〉(*Alboradas de la revolución*)為題，歌詠一八六八年至一九五九年的抗暴史詩。圖為壁畫的局部，描繪卡斯楚、切和西宴佛耶哥斯等大鬍子游擊隊員搭乘葛拉瑪從墨西哥返回古巴，並與「七二六運動」成員共創古巴未來。

2．這幅畫收藏於革命博物館。畫中，《自由報》大幅報導巴帝斯達於一九五九年一月一日棄國逃亡，人民歡聲雷動，迎接大鬍子游擊隊進駐哈瓦那。

中鰲，紛紛於槍林彈雨中犧牲。卡斯楚試圖重新組織戰友，卻徒然。隱約聽到戰友求饒的雜音，身為小隊長之一的西宴佛耶哥斯(Camilo Cienfuegos)不停喊叫：「這裡沒有人會投降，他媽的！」此時，切緊倚著大樹幹抵擋炮彈，後來為了搶救掉在地上的彈藥，切的脖子遭子彈畫過，雖只是皮肉傷，但鮮血直流，痛得幾乎昏厥。在另一名小隊長艾爾梅達(Juan Almeida Bosque)呼喊下，切才恢復意識，並隨他殺出重圍，躲進叢林。事後切寫下受傷時的心情：「我憶起傑克・倫敦(Jack London)的老故事，當故事的主人翁得知自己將凍死在阿拉斯加的冰天雪地時，便倚著一棵大樹，以求光榮結束生命。」

連日的陸空夾攻，僅卡斯楚、拉屋爾、切、西宴佛耶哥斯、艾爾梅達、賈西亞、桑切斯(Universo Sánchez)、裘蒙(Faure Chomón)、瓦爾提斯(Ramiro Valdés)等十二人倖存。自由的代價實在太高！

一八七四年，正逢「十年戰爭」期間，西斯佩德斯就曾在馬艾斯特拉山區戰到只剩十二人；雖然西斯佩德斯最後捐軀了，但留下雋永名言：「我們不過十二人，卻足以解放古巴！」自「十年戰爭」起，馬艾斯特拉山儼然革命搖籃。馬艾斯特拉山長約二百五十公里、寬約六十公里，由西邊的突奇諾山脈(Sierra Turquino)及東邊的大石山脈(Sierra Gran Piedra)所組成，海拔在三百至一千五百公尺之間，最高峰突奇諾峰海拔則有一千九百七十四公尺，崎嶇地形極適合游擊戰，卡斯楚因而選擇此處作為革命出發地。

彷彿西斯佩德斯的靈魂守衛著這最後十二名大鬍子，讓他們在馬艾斯特拉山復活，以完成解放古巴的使命。但是，對於倖存人數，眾說紛紜，有人說十二人，亦有人說二十人。當時隊友確實相繼中彈倒地，大家各自四處逃竄，數日後再重逢已宛如隔世。正如耶穌的十二門徒，十二這個數字具有象徵意義，因此記者兼史學家弗朗奇(Carlos Franqui)便以「十二人」為書名，為大鬍子游擊隊寫下英勇詩篇。

面對巴帝斯達軍隊的強大火力，十二名大鬍子如何扭轉乾坤、反敗為勝？

十二名大鬍子撿回一條命，卻在慌亂中遺失了大部分槍枝彈藥，又得面臨飢餓的窘境。大鬍子喝溪澗水、啃甘蔗，尚可維持體力；然而，游擊隊沒有槍如何打仗？好在卡斯楚與「七二六運動」組織早於馬艾斯特拉山區部署聯絡網，透過這個聯絡網，大鬍子劫後餘生的消息得以傳遞給西莉亞，並請求支援。

年輕貌美的西莉亞果然是女中豪傑，接獲消息後，即刻籌措應急軍備，並帶領一群弟兄深入馬艾斯特拉山，加入大鬍子游擊隊。西莉亞為曼沙尼優(Manzanillo)地區醫生之女，家境富裕，有志投入革命，負責召募馬艾斯特拉山區農民，共同響應革命。被譽為革命之花，西莉亞習慣在耳鬢別上一隻白蝴蝶，象徵自由信差；據信，「十年戰爭」期間，革命志士將情報書寫在白蝴蝶上，傳遞給西斯佩德斯。

整軍經武的同時，游擊隊度過變調的聖誕節與元旦，人數漸漸增至三十二人，決定於一九五七年一月十七日展開第一場戰役，進攻拉布拉達河(La Plata)出口處的一個軍營。大鬍子順利擊破軍營，獲得許多有利軍備，並以人道方式對待戰俘：先給予傷者適當醫療後，再一併釋放所有俘虜。至於告密者，大鬍子則殺雞儆猴，將罪魁禍首處死，血祭遭告密而喪命的弟兄。

不久，在西莉亞的安排下，美國《紐約時報》資深記者馬修斯(Herbert Matthews)進入馬艾斯特拉山區，與卡斯楚訪談了三個小時。馬修斯的權威報導，不僅證實卡斯楚沒死，更讓古巴及全世界知道這場革命是玩真的。就這樣，「七二六運動」成員在平原城市裡伺機展開革命，卡斯楚與大鬍子則進行山區游擊戰，並將古巴理想新世界藍圖構築於馬艾斯特拉山區。

彼時，馬艾斯特拉山區低度開發，村鎮之間交通不易，學校及衛生機構不足，鄉野間散居著六萬餘名被稱為「瓜希羅」(guajiros)的農民。「瓜希羅」衣衫襤褸、棲身茅廬、滿口方言，他們胼手胝足，或自給自足，或為佃農，或下山受雇於大莊園，常遭平地人欺壓；因此，「瓜希羅」意味著鄉巴佬，也有傻瓜之意。大鬍子游擊隊並非打家劫舍、嘯踞山林，而是與「瓜希羅」建立情誼。長期受大地主剝削的「瓜希羅」因而視大鬍子為正義化身，紛紛加入游擊隊。才一年光景，大鬍子人數激增，遍及古巴東方省山區。除了建立軍火庫、情報中心、行政機構外，大鬍子亦設立「反抗電台」(Radio Rebelde)，更發行《自由古巴報》(*Cuba Libre*)，以鼓舞革命士氣。最難能可貴的是，打仗之餘，大鬍子興建衛生所和學校，提供「瓜希羅」醫療及教育服務。山區儼如一個小型的卡斯楚政府。

一九五八年八月下旬，大鬍子擴大戰區。兩支大鬍子縱隊歷經四十七天艱苦行軍，爬山涉水，磨破了軍靴，終於從東南部山區來到中部山區。這一路，僅極少數地區有「七二六運動」同志提供車輛及馬匹，大部分時刻只能靠徒步。為了保留體力，大鬍子避免與敵人正面交鋒，但難免遇到埋伏，終究有三名同志犧牲，四名受傷，另有一名被俘。同年十一月起，東方省及中部山區相繼進行游擊戰。一九五九年一月一日，中部地區與東方省幾乎同時解放，巴帝斯達軍隊已潰不成軍，而巴帝斯達本人只得棄國逃亡。

除了蓄著鬍鬚外，大鬍子游擊隊或戴貝雷帽，或戴軍帽，或戴「瓜希羅」草帽，各有造型，沖淡戰爭

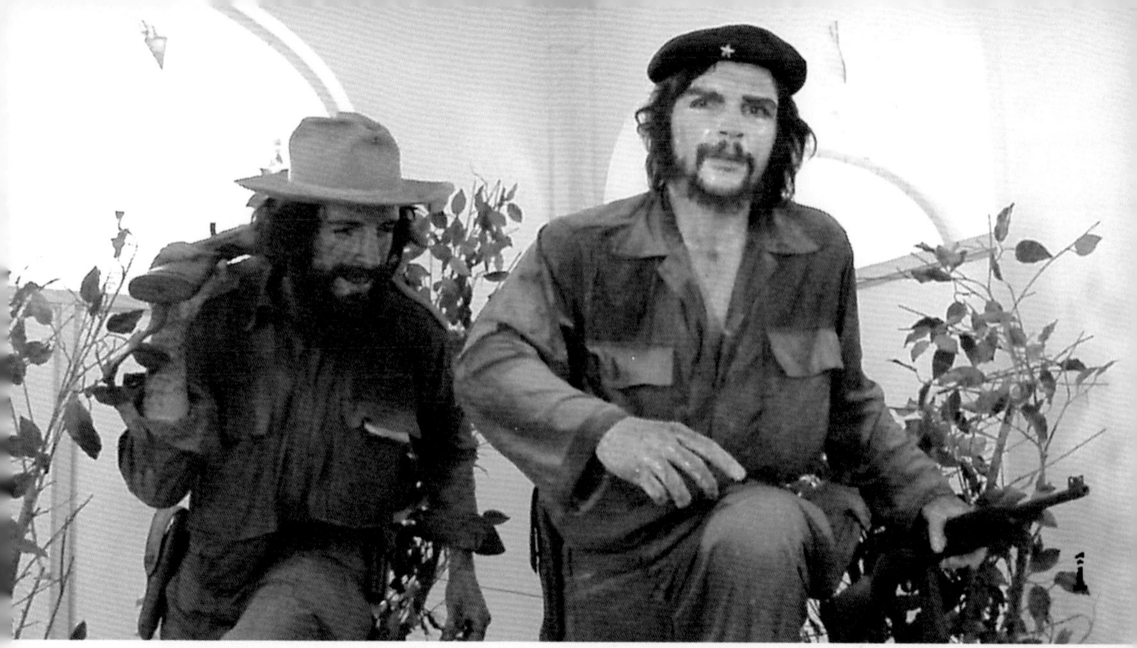

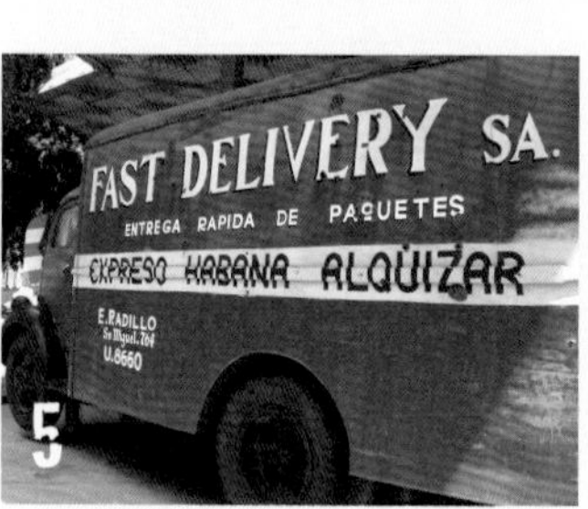

1・切和西宴佛耶哥斯兩人的蠟像，展示於革命博物館。

2・以切和西宴佛耶哥斯為主角的郵票，兩人背後的古巴地圖畫出游擊隊的革命路線，兩人所領導的縱隊由東南部逐步往西北挺進。

3・西宴佛耶哥斯的照片。大革命勝利後，古巴本島重新畫分為十四個行政區，其中一區即名之為「西宴佛耶哥斯」，以紀念這位革命英雄。

4・大鬍子游擊隊於馬艾斯特拉山區設立「反抗電台」，由切負責。圖為當時的廣播發射器。

5・一九五七年三月十三日，大鬍子游擊隊員駕駛這輛卡車突擊總統府和廣播電台。

6．創立於一七二八年的哈瓦那大學乃古巴解放思潮的發源地；一入校門，即可看見位於階梯上的智慧女神雕像，座台上書寫拉丁文「Alma Mater」，意為「養育的母親」，以此象徵「大學係知識的泉源」。

7．哈瓦那大學校園內的「自由之樹」。一九二二年，在這顆大樹下，當時還只是大學生的梅亞(Julio Antonio Mella)成立了大學生聯盟，接著於一九二五年創立了古巴共產黨。由於政治思想與執政者相左，梅亞被迫流亡墨西哥，後遭暗殺身亡，死時才二十六歲。

緊張氣氛，增添興味。在幾位著名縱隊司令之中，卡斯楚足智多謀，拉屋爾沉默寡言，切最富浪漫主義，西宴佛耶哥斯極具草莽性格，艾爾梅達有高度幽默感。古巴大革命之後，這五人曾為政府決策核心，與其他重要人物共謀古巴未來，如今五人只剩卡氏兄弟。西宴佛耶哥斯於一九五九年十月二十八日搭飛視察加瑪古艾伊(Camagüey)後，返回哈瓦那途中座機失事落海，至今仍未尋獲屍骨。切後來為了散播革命思想而離開古巴，於一九六七年十月九日在玻利維亞山區遭處決。艾爾梅達也在二〇〇九年九月十一日死於心臟病。

至今，葛拉瑪號靜靜處在哈瓦那的革命博物館，大鬍子則一個個凋零；然而，「葛拉瑪」的精神不死，這個名字自一九六五年起成為古巴共產黨日報之名，傳誦當年的革命理想。

游擊隊員在山區進行生死之戰，「七二六運動」成員則組織城市聯絡網，或深入前線補給物資，或於城市聲東擊西，同仇敵愾，終於以短短兩年時間光榮結束大革命。圖為維爾瑪(Vilma Espín de Castro)，一位富家千金，身穿軍服，帶著「七二六」臂章。維爾瑪在馬艾斯特拉山區結識拉屋爾，兩人於古巴大革命勝利後結為連理。維爾瑪因病於二〇〇七年六月十八日逝世。

一百三十八面黑旗

在防波堤大道上，國家大飯店(Hotel Nacional)附近有一處廣場。廣場上有一座紀念碑，係應美方要求於一九二五年完工，以紀念在一八九八年因軍艦爆炸而全部罹難的緬因號官兵。

一九六一年一月三日，美國、古巴正式交惡，古巴政府於是拆除紀念碑上的飛鷹雕刻，並鑲上一行字，寫著：「這些海軍官兵係因貪婪帝國主義意圖控制古巴而犧牲。」這個廣場距美國利益局不遠，如此文字頗具挑釁意味。但是，最挑釁的非「荷西．馬帝反帝國主義平台」(Tribuna Antiimperialista José Martí)莫屬，而平台就在美國利益局之前，僅咫尺之距。

為了推翻卡斯楚，美國無所不為，策畫多起暗殺行動，造成古巴人民傷亡慘烈，但是卡斯楚政府依然屹立不搖，最後還是他自己交出政權。古巴與美國於一九七七年互設利益局，雙方仍然對峙。二〇〇六年，美國利益局玻璃帷幕大樓的五樓設置了電子看板，不時以紅色字幕攻訐卡斯楚、或宣傳民主政治；古巴政府也不甘示弱，於是興建「荷西．馬帝反帝國主義平台」，升起黑旗悼念死於暗殺行動的古巴同胞，並試圖以黑旗遮蔽字幕。「反帝國主義平台」除了向美國挑釁外，並蘊藏意義，強調古巴大革命乃追隨先烈所進行的一場反帝國主義革命。當年西斯佩德斯領導「十年戰爭」反抗西班牙殖民，雖不幸失敗，馬帝再接再厲，發起第二次獨立戰爭；這條獨立之路係由烈士鮮血所鋪設，因此不容美國接替西班牙實施帝國主義，讓古巴再度陷入被殖民的桎梏。而這個理由賦予古巴大革命正當性。

平台上立起紀念碑，嵌上一片片先烈名牌，凸顯追求自由的昂貴代價；也嵌上一片片古巴本國及拉丁美洲革命家、思想家、大文豪、藝術家的名牌，凸顯拉丁美洲的驕傲。然而，刻意的是，碑上還有金恩博士、海倫．凱勒、馬克吐溫等人的名牌，這些永垂青史的美籍民權領袖、生命鬥士、文學家，甚至科學家，是古巴人的榜樣，藉以凸顯美國政府的矛盾。

平台前飄揚著一百三十八面黑旗。一百三十八，只是象徵性的數字，真正的死亡人數遠遠超過。黑旗是國難的哀輓，也是悲慟親人的喪服。黑旗上的白星彷彿淚光，在黑布的襯托下格外醒目。

一百三十八面黑旗隨風飄揚，似乎抗議美國的干預，也控訴美國的血腥。一百三十八面黑旗背後的故事，就在此娓娓道來。

一九六〇年三月四日，法國籍貨船庫布雷號(La Coubre)停靠哈瓦那港，船上滿載比利時製造的武器，卡斯楚打算用這些軍備來抵禦反革命勢力。正當卸貨時，美國中情局引爆船隻，造成七十名工人死亡，兩百人受傷。在受難者葬禮上，卡斯楚大聲疾呼：「無祖國毋寧死。」(patria o muerte)這句口號從此深深烙印在古巴人民的心坎，凝聚了愛國心，同時也挑起反美情緒。

一九六〇年代正是多事之秋，卡斯楚的各項改革政策衝擊了既得利益的特權階級，再加上美國的興風作浪，巴帝斯達的支持者、保守派大地主、反共產主義者於是組成數個武裝集團，在中部的艾斯甘布萊伊山區(Escambray)作亂。這些叛亂團體被稱為「艾斯甘布萊伊武裝集團」(Bandas Armadas del Escambray)，總計兩百九十九個團隊，人數三千九百九十五名，於一九六〇至一九六五年間，或轟炸山區，或掃射民宅，或燒毀莊稼，藉以嚴懲在大革命期間支援大鬍子游擊隊的農民，並阻止卡斯楚的社會改革。傷亡人員除了農民外，尚有前來山區加入掃除文盲運動的志願教師，以及手無寸鐵的老弱婦孺。

船形紀念碑緬懷罹難的兩百六十八位緬因號官兵。兩根柱子上的飛鷹雕刻在美、古交惡後被拆除。

「艾斯甘布萊伊武裝集團」是內憂，古巴尚有外患，危機四伏。

在甘迺迪總統的授意下，中情局召募追隨巴帝斯達的流亡分子，組成反革命部隊，編號二五〇六旅，祕密於瓜地馬拉培訓，企圖入侵古巴，顛覆卡斯楚政權。一九六一年四月十五日拂曉，反革命部隊的八架B-26轟炸機由尼加拉瓜空軍基地出發，轟炸古巴哈瓦那、聖地牙哥、聖安東尼歐德洛斯巴尼奧斯(San Antonio de los Baños)等地的機場。古巴軍隊雖勇敢迎戰，但己方也有五十三人受傷，七人殉國。四月十七日，在美國海軍的掩護下，一千五百名反革命部隊搭乘五艘美國軍艦，從尼加拉瓜出發，意圖由古巴南部豬灣的希隆灘(Playa Girón)和長灘(Playa Larga)登陸，建立反革命臨時政府。希隆灘和長灘之間形成一條長達十公里的沼澤溼地，僅有三條聯外小路；因此，反革命部隊認為此地乃金城湯池，堅固險要，且可輕易阻隔卡斯楚軍隊。卡斯楚親上戰場，在他的指揮下，古巴軍民於希隆灘與敵軍血戰七十二小時，大敗敵軍，史稱「豬灣事件」。在這場戰役中，古巴有數百人受傷，一百五十七人犧牲，犧牲者被追悼為「祖國不朽的英雄」。

反革命部隊有八十九人喪生，兩百多人受傷，一千一百九十七人被俘。隔年四月，古巴舉行希隆灘戰俘審判。這群俘虜被判褫奪古巴公民身分，並需為戰爭所造成的損害賠款六千兩百萬披索(當時折合美元約五千三百萬)，否則將被判刑三十年。這筆賠款當然由美國出，最後美方支付等值的嬰兒食品、藥品和醫療器材，一千一百九十七名戰俘才得以被遣回美國。

「豬灣事件」落幕後，美國國會以古巴在西半球進行革命與破壞為由，通過「共同決議」，允許美國使

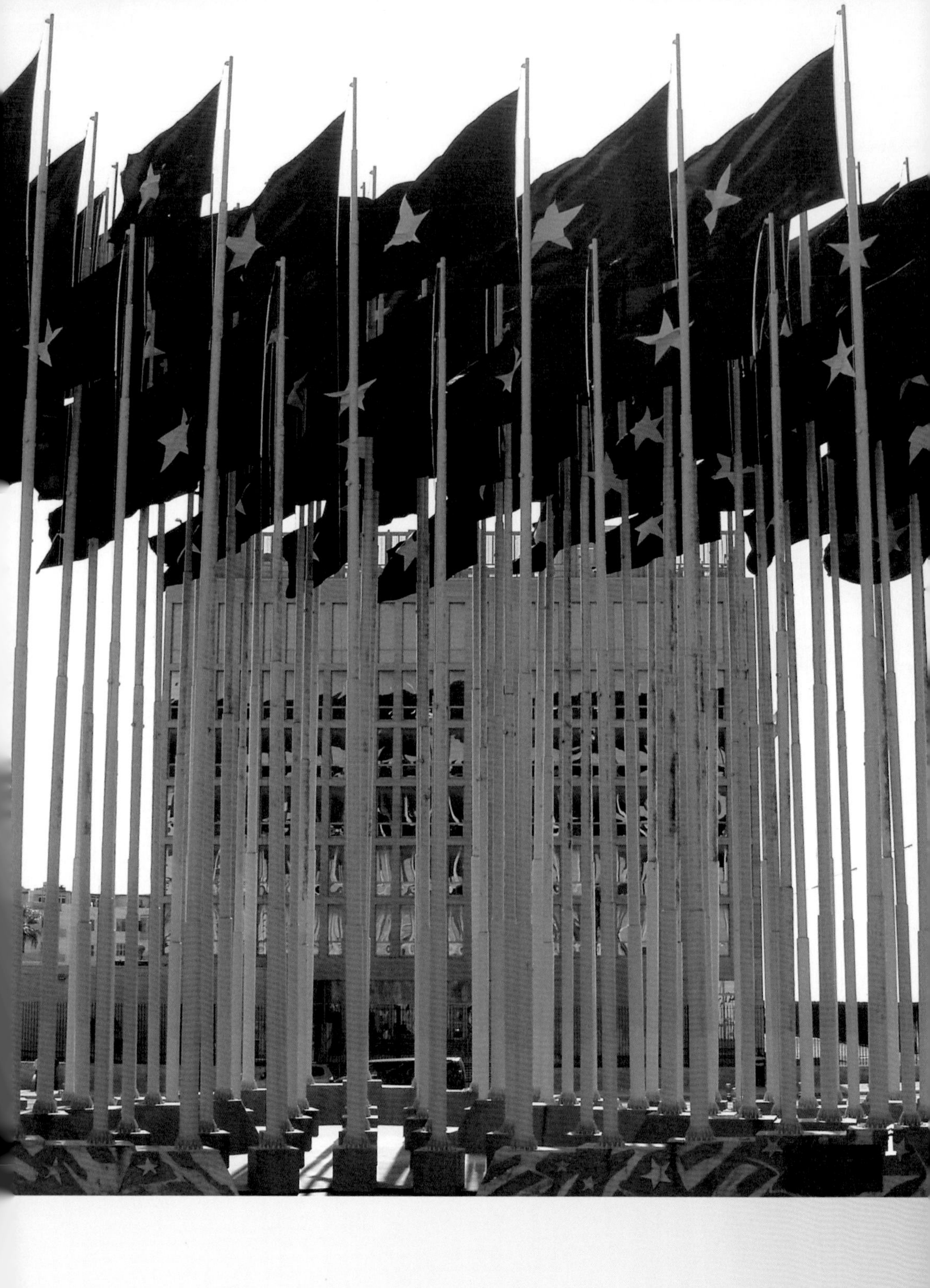

1,2,3・一百三十六面黑旗就在美國利益局前飛揚，旗海幾乎遮掩了美國利益局大樓，令行人看不清五樓電子看板上攻訐古巴的文字。兩國鬥法近三年，最後美方認為效果不佳而關閉電子看板。黑旗上的閃亮白星與旗座下的詩句相呼應，馬帝的〈軛與星辰〉勾勒出古巴人民面對苦難的堅毅形象：「高舉星辰的人毫不懼怕／創造吧！成長吧！」

4・除了黑旗外，「荷西・馬帝反帝國主義平台」另一端的牆上以鮮紅文字寫著：「無祖國毋寧死。」

VOLVERAN
GERARDO
RAMÓN
FERNANDO
RENÉ

VLADIMIR I. LENIN
1870 - 1924
LIDER GENIAL DEL PROLETARIADO
CARLOS MARX
PUESTO QUE SE PUSO DEL LADO DE LOS POBRES MERECE HONOR
JOSE MARTI
FEDERICO ENGELS
1820 - 1895
COMPARTIO LA GLORIA DE MARX
JULIO A. MELLA
1903 - 1929
ARQUETIPO DE LA JUVENTUD REVOLUCIONARIA
ERNESTO GUEVARA "CHE"
1928 - 1967
PROTOTIPO DEL HOMBRE NUEVO
CAMILO CIENFUEGOS
SEÑOR DE LA VANGUARDIA
FRANK PAIS GARCIA
1934 - 1957
JOVEN JEFE Y HEROE REVOLUCIONARIO
MARTIRES DEL ASALTO AL CUARTEL MONCADA
26 DE JULIO DE 1953
JUAN MARINELLO
1898 - 1977
INTELECTUAL
CELIA SANCHEZ MANDULEY
1920 - 1980
LA FLOR MAS AUTOCTONA DE LA REVOLUCION
JOSE A. ECHEVERRIA
1932 - 1957
LIDER HEROICO DE LOS UNIVERSITARIOS
ABEL SANTAMARIA CUADRADO
1927 - 1953
EL PRIMER GRAN HEROE DE LA GESTA FINAL
LUIS SAIZ MONTES DE OCA
1938 - 1957
DIRIGENTE ESTUDIANTIL
HAIDEE SANTAMARIA
1923 - 1980
HEROINA DEL MONCADA
SERGIO SAIZ MONTES DE OCA
1940 - 1957
DIRIGENTE ESTUDIANTIL
BLAS ROCA CALDERIO
1908 - 1987
MAESTRO Y GUIA DE COMUNISTAS
LAZARO PEÑA
1911 - 1974
CAPITAN DE LA CLASE OBRERA
ANTONIO GUITERAS
1906 - 1935
COMBATIENTE ANTIMPERIALISTA
2

4

3

1・受到古裔美人恐怖主義的威脅，五名古巴特勤人員到美國搜集反恐情資，不料於一九九八年被美方逮捕，並被判處徒刑。古巴尊五人為英雄，多年來四處尋求奧援，力圖營救。雖然五人至今仍被監禁在邁阿密，但古巴堅信有朝一日五位英雄必光榮返回。

2・這一面牆所紀念的先驅都是馬克思、恩格斯和列寧的信徒，如：梅亞、切、西莉亞等人，當然也有在蒙卡達之役喪生的先烈。

3・紀念切的名牌上，寫著：「新人的典範。」

4・革命博物館宛如一部時光放映機，投射出古巴解放史。古巴戰機、坦克，以及反革命部隊畫有骷髏頭的海盜快艇，碰撞出驚心動魄的「豬灣事件」。

用武力終結卡斯楚政府。面對大敵當前，卡斯楚只得投靠蘇聯，並適時將口號「無祖國毋寧死」改成「無社會主義毋寧死」(socialismo o muerte)，反美情緒頓時達到沸點。一九六二年七月，在蘇聯的協助下，古巴部署八個飛彈基地，裝置中程核子導彈，瞄準佛羅里達州。接著，蘇聯軍隊及武器陸續進入古巴，上演了一場驚天動地的古巴導彈危機。最後，美蘇私下談妥飛彈撤除條件，結束眾所矚目的「驚爆十三天」(十月十六日至二十八日)。

美蘇私下談判雖頗令卡斯楚不悅，但也無可奈何。飛彈撤除條件之一，乃美國允諾不以武力侵犯古巴，於是，顛覆卡斯楚行動走入地下化，改由流亡邁阿密的古裔美人出手。在中情局的資助下，「古裔美人國家基金會」(Fundación Nacional Cubano-Americana)因應而生，恐怖主義活動一幕幕上演，生物戰紛紛出籠，爆炸事件層出不窮，意圖致古巴於萬劫不復。美國表面上未出兵攻打古巴，卻以恐怖手段長期凌遲無辜的古巴人，古巴的反美情緒不是沒有道理。結果，不僅未能如願將卡斯楚拉下台，反而凸顯卡斯楚不屈不撓的特質，這點美國應該始料未及！

出海捕魚的古巴漁船時而遭古裔美人攻擊，傷亡不輕；菸田、甘蔗田、咖啡園、養豬場被散播病菌及有毒物質，造成動植物疫病肆虐。種種災害不僅影響國民經濟，更讓古巴政府為了撲滅疫情而疲於奔命。哈瓦那的國家大飯店、卡布利大飯店(Hotel Capri)被放置炸彈，影響觀光。漁業、農業、畜牧業、觀光業無一倖免。最後，連古巴人民也承受疫病侵襲之苦，曾因一場登革熱而奪走一百五十條人命。或許這些苦難造就古巴傲人的醫學與生化成就。

島內不安寧，國外也不平靜。駐墨西哥、委內瑞拉、祕魯、厄瓜多、葡萄牙、西班牙、法國、梵蒂岡、捷克等使館，無不被放置炸彈引爆或遭受襲擊。平均每一起事件死傷數人，財務損失慘重。駐外人員及國家代表團得自求多福，即便走在他國街上、抑或處在聯合國會址，隨時都有遭綁架、被暗殺的危險。遭綁架與被暗殺其實沒有多大差異，一旦遭綁架，可能杳無音訊、生死未卜。

最駭人的莫過於一九七六年的飛機爆炸案。回顧這起案件，似乎有前奏預告。同年的七月九日，在牙買加首都京斯敦(Kingston)機場的一架古巴飛機遭人於行李艙內放置炸彈，因登機作業延誤，於裝載行李時引爆，而使傷害不致慘烈。八月十八日，設於巴拿馬的古巴航空公司也一樣遭殃，威力強大的炸彈將辦公室炸得滿目瘡痍，好在無人傷亡。

是福不是禍，是禍躲不過。十月六日，一架古巴民航機自委內瑞拉起飛，中途停靠圭亞那(Guyana)，接著飛往古巴，不久後便在巴貝多(Barbados，東加勒比海小國)上空爆炸，機上七十三名人員全部罹難，其中有兩名婦人身懷六甲。罹難人員中，古巴人計五十七名，包含一支劍術選手隊二十四人；這群年輕選手才參加了中美洲劍術比賽，囊括數面金牌，正準備載譽歸國，不幸青春年華於瞬間凋謝。乘客裡尚有十一名圭亞那籍的青年學子，其中六名獲得古巴國家獎學金，即將赴古巴就讀醫學院，卻同樣死於非命，令人感慨萬千。此外，五名北韓文化代表團官員共同搭上死亡飛機，無端成為陪葬品。

這場空難係由博希(Orlando Bosch Ávila)、波薩達(Luis Posada Carriles)所執行，兩枚放置行李艙內的炸彈不只炸死七十三人，還炸碎了七十三個家庭。當時，國際媒體對這起悲劇關注不多，古巴人民僅能在哈瓦那的革命廣場默默為罹難者哀悼，誠如卡斯楚所言：

> 除了少部分人士及友好機構之外，沒有人同情我們的遭遇。在國際上未激起絲毫的震撼，未引起嚴重的政治危機，未迫使聯合國組織召開任何會議，更遑論引爆戰爭的危險。

的確，一九七六年我才就讀國中，那時的我只關心聯考，不熱中國際新聞，更不注意在古巴所發生的點點滴滴。何況彼時台灣與美國關係密切，一副事不關己，當然冷淡這起新聞。

而博希和波薩達係何方神聖？

兩人皆出生於古巴，是偏激的反卡楚斯分子，也是拉丁美洲公認最血腥的恐怖主義分子。博希生於一九二六年，波薩達則生於一九二八年，均曾效命於巴帝斯達；後來於一九六〇至一九七六年間擔任中情局幹員，博希職權比波薩達略高。兩人專精爆破，為中情局培訓「豬灣事件」的反革命部隊侵犯古巴，更於委內瑞拉、瓜地馬拉、薩爾瓦多、智利、阿根廷等地，進行間諜工作與恐怖主義活動。除了巴貝多空難外，兩人所犯下的罪行實在罄竹難書。

巴貝多空難後，波薩達和博希遭委內瑞拉警方逮捕。一九八五年，在中情局的暗助下，波薩達越獄成功，輾轉逃到薩爾瓦多。受到薩爾瓦多右派政府的保護，波薩達得以持續在尼加拉瓜、巴拿馬等地進行破壞任務。二〇〇〇年，利用卡斯楚造訪巴拿馬之際，波薩達和其他三位同謀意圖暗殺卡斯楚，任務不成，被俘。古巴原以為可以引渡波薩達等人，親美的巴拿馬總統摩斯科索(Mireya Moscoso)卻在卸任前夕大赦波薩達等人。波薩達於二〇〇五年藉由墨西哥非法入境美國被捕，於二〇〇七年保釋出獄，在美國的「保護」下，不致被引渡回古巴受審。

波薩達逃獄後，彼時親美的委內瑞拉也以罪證不足，於一九八七年釋放博希。隔年博希非法入境美國遭逮捕，因種種惡行，博希被視為不受歡迎的外國人，美國移民局有意驅逐他。美方曾向三十個國家施壓，希望收容博希，卻沒有一個國家表示願意。國際間對博希的殘暴血腥早已心照不宣，無論是親美、抑或維持中立，各國表面上扮演美、古恩怨的啦啦隊，但對於引狼入室、在自家領土上收容一個魔頭則大表反對。美國亦不願將博希遣返古巴，只好將他暫時監禁。一九九〇年，博希獲赦，重獲自由，定居於邁阿密，被封為古巴「流亡英雄」(héroe del exilio)，風光十足。

暗殺、爆炸、攻擊事件並非只有這幾起。根據古巴官方統計，自一九五九年卡斯楚取得政權至今，超過五十架古巴飛機遭劫，約三千五百名古巴人殞落，投擲在古巴土地的炮彈不計其數。

二〇〇一年，美國發生九一一事件，恰逢巴貝多空難二十五周年，卡斯楚在追悼大會上以「歷史荒謬無比，竟在奇異的迷宮中流逝」為開場白，表面上抨擊恐怖主義，暗地裡影射美國以恐怖主義對付古巴，如今物換星移，美國終於自食惡果。布希政府誓言擒拿賓拉登，卡斯楚政府何嘗不想將逃亡美國的博希、波薩達逮捕歸案？

歷史乃「資治通鑑」。緬因號官兵的下場在韓戰、越戰、對伊拉克戰爭中一再重演，美國大兵是為祖國拋頭顱、灑熱血？還是為了干預他國而殉身？相信你我心裡有數。卡斯楚與海珊一樣可惡，得勞駕美國大動干戈？一國的內政，干卿何事？處決了海珊，伊拉克就歌舞昇平了嗎？

一百三十八面黑旗在美國利益局前飛揚起伏，彷彿黑色幽默，嘲諷反恐怖主義的美國。美國雙子星大廈的悲劇，在古巴不知早已上演多少次；當美國厲聲譴責恐怖主義之際，古巴母親早已為受難兒女柔腸寸斷、蠟炬成灰。

二〇〇九年六月，美國利益局的電子看板因成效不彰走入歷史。那一百三十八面黑旗在七月二十六日被換成古巴國旗，以旗海慶祝七二六運動，節慶一過又換上黑旗，持續飛舞出刻骨銘心的公共藝術。

公共藝術

——從壁畫到標語看板

公共藝術範圍很廣，舉凡街景設計、公園造景皆是。最具代表性的公共藝術首推壁畫，而壁畫可追溯至史前時代。靠狩獵為生的先民可能在追尋野獸足跡時，發現野獸出沒，便於附近的洞穴內畫上野獸圖形，以提醒族人。先民也可能懼怕大自然各種超能力現象，將風雨雷電等大自然現象神格化，並畫於壁上，供眾人膜拜，從而發展成宗教信仰。隨著時代演進，壁畫記錄了自然生態、神話傳說、宗教儀式、戰爭情況、生活作息、歷史紀要，成為族群的社會記憶，凝聚了認同感。此外，壁畫不僅演變成裝飾廟宇宮殿的重要藝術，更成為現代裝飾藝術的一環。

談到拉丁美洲的公共藝術，不能不提到墨西哥壁畫。一九一〇年，墨西哥爆發大革命，而這場大革命並非單純的政治革命，除了推翻獨裁者外，亦提倡落實本土文化，企圖喚醒長期被壓抑在歐洲意識形態下的民族魂魄，以建立「文化國家」概念；因此，墨西哥大革命也是一場思潮與文化的大革命。

受到本土化主義的鼓舞，墨西哥壁畫蓬勃發展，政府行政大樓、學校、圖書館等公共空間，成了壁畫家自由揮灑的調色盤，無論是建築物外牆、內牆、樓梯間、穹窿或頂棚，經過藝術創意，變成一件件絢麗繽紛的精采作品，或為澎湃奔騰，或為含蓄內斂。壁畫家以圖像、以色彩，敘述墨西哥歷史，傳遞民族思想，為人民開啟視覺對話的門扉，讓彼時文盲居多的墨西哥人民在極短時間內認識本國歷史，認同本土文化，找回民族信心。除了美學之外，墨西哥壁畫運動深具意識形態，極富教育意義。當時的壁畫家，如西格羅斯(David Alfaro Siqueiros)、歐洛斯可(José Clemente Orozco)、里維拉(Diego Rivera)等人，不僅在國內聲名洋溢，也揚名海外，受邀至他國作畫、傳授技巧。

自此，拉美壁畫藝術跨越西班牙殖民時代的格局，作品主題不再圍繞於聖經故事，不再作為裝飾教堂之用，不再模仿歐洲巴洛克的華麗風格，而是脫胎換骨，成為獨特的本土藝術。

一九二〇年代，墨西哥壁畫運動飄洋過海傳至古巴，對甫於一九〇二年獨立的古巴而言，無疑補了一劑國家認同的強心針，同時也活絡了繪畫技巧，因而邁向造型藝術的前衛派。一如墨西哥，壁畫成了教育青年學子的最佳工具，各級學校的公共空間被加以利用，剛硬單調的牆面妝點得美輪美奐，成為敘述古巴歷史的畫布，內容從古巴原住民達伊諾人說起，西班牙拓殖史緊接著登場，當然不會忘記將黑奴致力經濟開發的辛勞記上一筆，也不會略過海盜洗劫、英國人入侵的過往雲煙，更不諱言獨立戰爭的艱辛。

政局愈是混沌不清，古巴壁畫藝術反而更加活潑鮮明，國家與文化認同就在一筆一畫中徐徐扎根。馬帝成為壁畫主角，化身聖人使徒，傳遞正義、和平的福音，提醒國人共同努力，消除社會階級藩籬，建立公平社會。蔗田風光、農村生活、香蕉採收情景也出現在壁畫中，旨在禮讚農業、歌詠勤勞美德、傳誦工作天職。

一九四三年，墨西哥壁畫家西格羅斯受邀來到古巴，此時正是巴帝斯達執政時期，古巴社會蘊藏一股反獨裁運動。西格羅斯乃史達林信徒，社會主義色彩濃厚，且過於熱中政治；因此，他的到訪彷彿一陣狂飆，強烈衝擊古巴藝術界。然而，礙於當時的政治氛圍，親美的巴帝斯達政府並不允許西格羅斯在公共空間作畫，西格羅斯只好尋求私人空間。古巴畫家卡瑞紐(Mario Carreño)、葛梅斯(María Luisa Gómez Mena)夫婦邀請西格羅斯在自家裡，完成一幅寬五公尺、高八公尺的巨型壁畫，從牆面延伸至頂棚，命名為〈古巴的平等寓意與黑白族群友愛〉(*Alegoría de la igualdad y confraternidad de las razas blanca y negra en Cuba*)。儘管畫在私人空間上，況且內容並未涉及反動思想，但政治終究凌駕一切，最後屋主忍痛將大師作品毀掉。

一九五〇年代，美國標準石油駐哈瓦那分公司邀請七位古巴畫家集體創作壁畫，其中一位為維夫瑞多．藍恩(Wifredo Lam)。藍恩的父親係移居古巴的華人，母親為黑白混血兒，「Lam」即廣東話的「林」，台灣藝評界將他取名為林飛龍。此時，古巴壁畫風格逐漸脫離社會性，主題不再強調小人物、田野風光，轉為以意識形態掛帥的自由創作，藉神話寓言闡述世界大同的理想境界。又是政治因素作祟，這些珍貴壁畫同樣難逃被毀的命運。

因政治立場相左而箝制藝術創作已非新聞，一九三四年，墨西哥的里維拉受邀在紐約洛克斐勒中心作畫，但壁畫內容充滿紅色、列寧等社會主義符號，惹得金融鉅子洛克斐勒十分不悅，而資遣里維拉，並將壁畫毀掉。不料數年後，這類事件在古巴竟一再重演。

古巴大革命勝利後，卡斯楚政府奉行社會主義，更新氣氛極適合藝術創作。西格羅斯於一九六〇至一九七〇年間，數度造訪古巴，大師終於可以大大方方在哈瓦那理工學院的外牆盡情揮灑。或許受到西格羅斯的影響，這個時期的古巴壁畫著重人體的肌理線條，凸顯力與美，並以那些投入大革命、推翻獨裁政權的學生、農民為壁畫主角，彩繪英雄史詩。

馬帝是古巴人民永遠的英雄，倡導民族自覺，在深具教育意義的壁畫中，係不可或缺的主角。切．格瓦拉是永遠的同志，是美國中情局反革命的犧牲品，為了緬懷這位革命英雄，卡斯楚政府以攝影家柯達所拍攝的一張照片為藍本，在內政部大樓外牆上，用鍛鐵雕塑出〈英勇游擊隊員〉；而這張熟悉的容顏，或為彩繪，或為素描，在街角、市場、教室牆面隨處可見。只是，這些肖像壁畫少了藝術感，多了政治宣傳意味！

現代教堂壁畫首推卡門聖母院(Iglesia del Carmen)的穹窿壁畫。卡門聖母院位於哈瓦那中區，建於一九二七年，內部穹窿壁畫完工於一九五三年，古老的聖經故事經過現代畫家的重新詮釋後，不失古典風格，卻多點魔幻感，令人神往。

殖民時期，西班牙帝國係政教合一，天主教乃唯一信仰，不僅防範伊斯蘭教、新教(即基督教)等其他宗教染指殖民地，更嚴禁黑人宗教。古巴獨立後，黑人宗教仍被視為邪教，只得祕密進行。一九五〇年代，古巴政府承認聖得利亞(Santería)[3]合法，其他如木杖道術(Regla de Palo)[4]、良尼哥共濟會(ñañiguismo)[5]則因儀式更為詭譎，不易超脫邪教形象。

3．聖得利亞溯源於一五五三年，又稱「歐恰道術」(Regla de Ocha)，係來自今日奈及利亞(Nigeria)、獅子山(Sierra Leone)、查德(Chad)等地的猶路巴族(Yoruba)。猶路巴族為多神教，統稱各路神明為「歐利恰」(Orichas)。首批抵達古巴的猶路巴黑奴雖被迫領洗成為天主教徒，但他們將非洲各種不同的「歐利恰」(Orichas)神明與聖父、聖子、聖靈、聖母、聖人、聖女融合成為一體，並暗地舉行宗教儀式，祈求遠在天際的神明保佑他們早日脫離被奴役的苦難。「聖得利亞」起源於「聖人」(santos/santas)一字，即名詞「santo」加上後綴語「ería」，形成同義的集合名詞，為聖人齊集，衍義為眾神膜拜，也蘊含道術之意。

古巴遭美國封鎖後，梵蒂岡未站在古巴這一邊，卡斯楚因而與天主教教廷決裂，關閉教堂，驅逐神職人員，並逐漸解禁其他黑人宗教。黑人宗教終於成為最普及的民間信仰，引起人類學家注意，進而影響音樂、文學、繪畫等藝術創作，繁華色彩與鼕鼕鼓聲吸引了大批的觀光客。卡斯楚政府與梵蒂岡關係修復後，天主教信仰重新根植民間，但長期受到黑人文化濡染，不僅少了一分嚴肅，反而增添本土風情。繁複的宗教信仰猶如萬花筒，讓古巴更具魅力！

或許體內非裔血液使然，古巴人極富藝術天賦，結束模仿期後即大放異采。一九八〇年以降，古巴壁畫運動突破學院派的嚴肅，結合流行藝術，呈現生氣盎然的新氣象；同時，亦不囿限於學校、辦公大樓等公共空間，而是走入社區，成為平民百姓生活的一部分，深具社會文化性。換言之，壁畫跨越了教育意義，蛻變成藝術品、裝飾品。

社區壁畫以哈瓦那市中心的哈梅爾巷(Callejón de Hammel)為代表。巷道取名自費南度·哈梅爾(Fernando Hammel)，一名居住於此的德法後裔。哈梅爾乃傳奇人物，因從事軍火買賣而致富，但樂善好施，贏得社區居民的敬重。哈梅爾巷的住戶各屬不同社會階層、不同出身、不同職業、不同膚色、不同信仰，大家和平共處，係典型的古巴社區。一九九〇年，畫家龔薩雷斯(Salvador González)率領一群畫壇新秀共同創作，將哈梅爾巷妝扮得五彩繽紛，令人迷戀。兩百公尺長的公共牆面布滿多元文化符號，原住民、西班牙人、黑人、華人共生交融；其中，以非裔古巴文化最為醒目。哈梅爾巷因此成為非裔古巴文化的聖地，觀光客蜂擁而至，不僅賞析壁畫，並藉由集體畫作窺探各式各樣的黑人宗教儀式，以及精采的神靈造型。舉凡聖得利亞的眾神、木杖道術的覡師、良尼哥共濟會的法師「小魔鬼」(diablito)等，在畫家的構圖描繪下，個個栩栩如生。

此外，哈梅爾巷內民俗手工藝品店林立，一到周六，整條巷道變成倫巴(rumba)表演舞台，音樂魅惑、舞姿撩人，熱鬧非凡。

自由哈瓦那大飯店(Hotel Habana Libre)為另一個欣賞壁畫的好去處。不論是飯店外牆的嵌畫、抑或二樓拉斯卡妮達斯(Las Cañitas)餐廳的壁畫，係文化交融的成果，原始藝術與象徵意象交織，形成豐富的生命律動。

長期遭受美國禁運，古巴物資匱乏，整個哈瓦那難掩破敗的蒼涼；然而，古巴人的藝術天分填補了這項

4・聖木杖道術又稱山杖(Palo Monte)、或剛果道術(Regla Conga)，或瑪勇貝道術(Regla Mayombé)，起源於剛果(Congo)、薩伊(Zaire)、安哥拉(Angola)一帶班杜族(bantú)之信仰。為一種崇巫敬鬼的宗教，儀式行為詭異。巫師禱念符籙咒語，以草木、棍棒等物為法器，召喚亡魂邪靈與魑魅魍魎，作法施術，為信徒治病強身、消災解厄、謀求滿足，或為他人下詛咒、降災禍，因而被歸類為黑巫術。

5・良尼可共濟會係古巴黑人宗教團體。一八三〇年，一群來自奈及利亞西南部和喀麥隆南方的阿巴庫阿族(abakuá)黑人，承襲非洲祕密團體傳統，組成良尼哥共濟會，該會亦稱為「阿巴庫阿」。良尼哥共濟會的儀式繁縟隆重，以團結、同心、友愛為宗旨。共濟會詭譎之處在於祭典，不論是入會儀式、抑或葬禮皆伴隨舉行動物牲祭，其血淋淋的過程令人膽顫心驚，因此，一度被視為邪教。

ABAJO LA TIRANIA

壁畫〈大革命的黎明頌〉長十四點五公尺，寬四點一一公尺。整幅作品以馬帝為兩個世代的分野，凸顯馬帝承先啟後的歷史使命。馬帝的左邊是：西斯佩德斯發表獨立宣言，廢除奴隸制度，展開「十年戰爭」。右邊則為：知識青年投入社會運動，大鬍子游擊隊發起大革命，試圖推翻獨裁政權。

1

1 · 卡門聖母院的穹窿壁畫。畫面以聖殤為中心，四周再分割成數個幾何圖形的布局，巧妙的構圖彷彿萬花筒一般。

2 · 大革命結束後，卡斯楚與大鬍子游擊隊暫時以希爾頓大飯店為行政中心，飯店後來易名「自由哈瓦那」，外牆上名為〈古巴水果〉(*La fruta cubana*)的嵌畫，乃古巴藝術家貝拉耶茲(Amelia Peláez)的作品，流露出熱帶風情。

3 · 自由哈瓦那大飯店二樓拉斯卡妮達斯餐廳的壁畫，名為〈安地列斯之牆〉(*Mural Antillano*)，出自古巴畫家波多卡瑞羅(René Portocarrero)之手，刻意凸顯加勒比海的混血民族和蔗林風光。

1．切儼然塞凡提斯筆下的堂吉訶德，跨上瘦弱老馬，執起盾牌長槍，踏上勝算渺茫的征途，這這條崎嶇蜿蜒的歷史道路上，一路上只有孤獨相伴。

2．波薩達的血腥手段造成許多無辜百姓家破人亡，然而，在美國的「保護」下，這位國際恐怖主義分子卻得以安享天年，古巴政府因此藉由看板表達不滿，並以自由女神驚慌失措的樣子，諷刺美國宣稱反恐，竟然釋放恐怖主義分子。

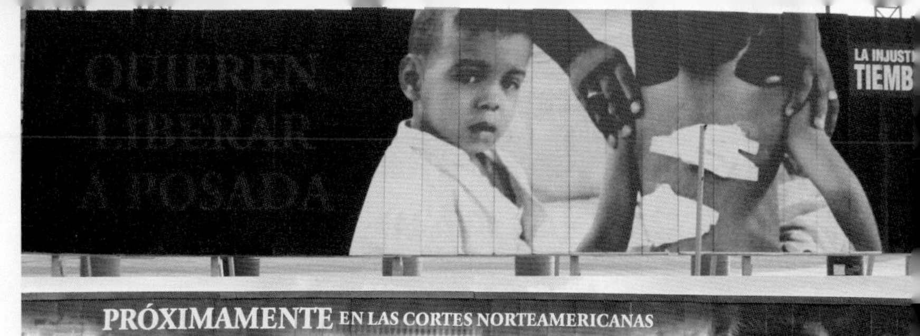
QUIEREN
LIBERAR
A POSADA
LA INJUSTI
TIEMB

PRÓXIMAMENTE EN LAS CORTES NORTEAMERICANAS
INJUSTICIA
IEMBLA
EL
ASESINO
CON: POSADA CARRILES y GEORGE W. BUSH

Todo aquel que de refugio
a un terrorista es TERRORISTA
LA INJU
TIEM

LA INJUSTICIA
TIEMBLA

¡QUÉ BÁRBARO
HAN LIBERADO A UN TERROR

2

gido se oyó en Cuba
SE COME
UN
ÑAME
en lengua EFIK
Cantó el leopardo en África

2

1·哈梅爾巷係古巴的非裔藝術舞台，屋舍的外牆與門窗、甚至巷道內的樓梯、柱子、電線桿，都畫滿了各種圖騰。神祇和巫師、蟒蛇和大鳥、飛魚和蝸牛、人體和藤蔓、標語和詩句，相容並存，寫下跌宕起伏的生命交響曲。

2·「古巴小孩百分之百可以上學」、「一定會克服萬難」、「這些同胞造就了一個民族」等看板，雖然表面上政治宣傳意味濃，實際上卻充滿古巴精神，那是自十九世紀就徐徐鍛鍊而成的驕傲，正如文學家瓦雷拉(Félix Varela)和馬帝等先賢，以熱血鋪陳古巴歷史。

遺憾，以簡單素材、強烈色彩、無窮創意，點綴市容，平衡了蒼涼與繁華。漫步哈瓦那街區，無論見到的是破敗不堪，還是煥然一新，均暗藏歷史符碼，提供了視覺感官三溫暖般的享受！

壁畫寓意深遠，係通往歷史的藝術之門。卡斯楚的社會改革政策得以順利進行，除了政策本身有利於廣大的低下階層之外，口號與壁畫亦功不可沒，角色舉足輕重！

口號可以凝聚力量，壁畫可以潛移默化；口號可以振奮人心，壁畫可以賞心悅目；口號是濃烈激情，壁畫是深情款款；口號是瞬間，壁畫是雋永。卡斯楚成功運用口號，團結人民，同仇敵愾；同時，壁畫也發揮了最大的教育功能。口眼雙管齊下，展開國家民族新生活運動。

卡斯楚似乎仍覺得不夠，為了喚起愛國情操、讚揚克勤克儉、鼓舞堅忍不拔，於是將口號具象化，或畫或寫，呈現於大型看板上，徹底執行國家民族新生活運動。資本主義世界的商業廣告看板，到了古巴之後，成為社會主義的宣傳工具，堪稱另類公共藝術。

壁畫通常作為學校、教堂、政府行政機關、觀光大飯店等裝飾藝術，受制於建築物的特定空間。反之，看板不受空間限制，街道旁、公園裡、曠野間，處處可見，宣傳效果佳；除了常規性的政治宣傳外，也用於國家級的藝文廣告，宣告大家同心協力，共同參與。壁畫構圖繁瑣，蘊藏意義；看板標語簡潔明瞭，直接切入主題，旨在寫實貼切。壁畫講究藝術技巧，無論是溼壁畫、乾壁畫，抑或馬賽克嵌畫，壁畫家的技術不僅高超，工程浩大，費工耗時；看板可以繪畫表現，亦可藉助於印刷術，相對簡單許多。

有些看板以簡約線條呈現，頗有現代風，不失藝術創意。另有一些看板以漫畫方式表現，再搭配口白，極具幽默。其中，以置於美國駐哈瓦那利益局周邊的看板為最佳代表；圖中，在佛羅里達身穿星旗服裝的美國人，隔著海峽張牙舞爪，不斷對古巴咆哮，而身穿野戰服、手持步槍的古巴人卻以極挑釁的口吻高喊：「帝國主義先生，我們可一點也不怕你們！」

觀光客必須刻意到哈瓦那美術宮(Palacio de Bellas Artes)欣賞林飛龍的〈第三世界〉(*El Tercer Mundo*)，才得以向古巴大革命致意；但是，漫遊街上，不經意瞥視看板標語，即可感受古巴大革命的光榮時刻、體會古巴試圖突破美國封鎖的艱辛、欣賞古巴人的幽默與達觀。

古巴的看板標語讓我走入時光隧道，當年小學圍牆上的「三民主義統一中國」歷歷在目，刻板的文字曾幾何時變成斑斕的馬賽克嵌畫？

可吸吧！

「可吸吧」是我翫味文字，音譯自「cohiba」，意思為「菸草」，本為大安地列斯群島達伊諾印第安人的語言；語言被西班牙化之後，拼音略有變異，又可書寫成「cojiba」。至於大家所熟悉的「tobacco」，應該源自「Tabasco」，是墨西哥東南部的一個城市名；亦可能源於「Tobago」，是小安地列斯群島伊格內利斯(Igneris)印第安人的語言，也是菸草之意，並為島名，係今日千里達—托巴哥共和國的其中一個島嶼。另外，墨西哥的阿茲特克人稱菸草為「必吸也」(picietl)，這個中譯名詞又是我翫味文字而來。阿茲特克帝國滅亡之後，不僅「必吸也」這個詞跟著走入歷史，墨西哥菸草亦未受到太多的青睞。反之，古巴菸草被國際公認品質最優，自十九世紀以降，抽一根哈瓦那雪茄便是歐洲貴族、富豪的享樂之一。「可吸吧」日久彌新，成為哈瓦那雪茄的知名品牌。

在眾多哈瓦那雪茄之中，有巴達佳斯(Partagás)、鴻西嘉(Fonseca)、羅密歐與茱麗葉(Romeo y Julieta)、蒙特利的酒渦(Hoyo de Monterrey)……「可吸吧」如何後來居上？

古巴大革命之前，所有的雪茄品牌均為西班牙、德國、英國等菸商所創立，一九五九年大革命勝利後，古巴政府將所有菸廠收歸國有，且以希蒙內耶(Siboney，古巴印第安人之一支)單一品牌行銷；這種「革命牌」雪茄卻無法打開國際市場。由於切．格瓦拉本身就是雪茄愛好者，且視雪茄為革命最佳伙伴，接掌工業部長後，不僅恢復古老品牌，並鼓勵開發古巴自己的本土品牌。「cohiba」於一九六八年問世，並於一九八〇年代大放異采，被視為古巴第一品牌，是雪茄中的極品，價格當然最昂貴。台灣的進口商亦引進「cohiba」，在昂貴的雪茄專賣店絕對少不了她，不過名字被譯為「可喜巴」。

「吸菸有害健康」一直是禁菸團體大力宣傳的警語，台灣也施實菸害防制法，對菸品之製造、進口、販售和吸菸場域皆有嚴格規範。我個人不抽菸，更反對吸二手菸；然而，談到古巴卻不談菸草，儼如菸癮發作般，數不清的無形小蠹蟲蝕著全身，實在痛苦難耐。菸草是成癮植物，是藥也是毒，當年西班牙人發現菸草是歷史偶然，孰知，菸草竟然成為改變人類生活形態深鉅的植物之一，其中的歷史演展十分戲劇性，不僅充滿魅力，也瀰漫著浪漫氛圍，彷彿菸草的尼古丁一般，教人難以抗拒！

話說一四九二年十月十二日，哥倫布終於橫渡大西洋，徘徊於加勒比海島嶼，找尋《馬可波羅遊記》中遍地是黃金的西藩國(Cipango，歐洲人傳說中的日本)。哥倫布一行人於十月二十八日抵達古巴，為了勾勒出古巴的地形輪廓，哥倫布一方面命令船隊沿著古巴海岸航行，另一方面則派遣兩名西班牙籍船員登陸探險。赫瑞斯(Rodrigo de Xerez)和托雷斯(Luis de Torres)這兩名船員深入古巴四天，來到一個聚落，一路上不斷看到達伊諾人將數片棕色葉子捲成粗條狀，點燃一端，再將另一端放入嘴巴抽吸，接著從口鼻冒出濃濃的煙霧，整個過程既神奇且魔幻，令兩人瞠目結舌。

這是歐洲人第一次見識到菸草的魅力，受到好奇心的驅使，赫瑞斯學著抽菸，頓時感覺筋骨舒活。赫瑞斯就在不知不覺中染上菸癮，爾後將抽菸習慣帶回西班牙。不料，赫瑞斯吞雲吐霧的模樣引起西班牙保守社會驚慌，以為他受魔鬼附身，赫瑞斯因此遭西班牙宗教法庭判刑，被監禁七年之久。不可思議的是，當赫瑞斯出獄時，西班牙社會竟然受「魔鬼」誘惑，悄悄流行起抽菸這個風尚，可見尼古丁蘊藏一股席捲人類的能量，直到今日仍無法戒除。

菸草屬茄科，一年或二年生草本植物，原產地為美洲，性喜肥沃土壤。菸葉含有菸鹼，即尼古丁，為一種劇毒，有麻醉止痛作用，會導致心臟病、呼吸系統疾病、肺癌及其他癌症。但是，只要使用得宜，則可治病。一八八一年十月二十五日晚上十一點十五分，西班牙南部有一個嬰兒新生不久後即死亡，醫生魯易斯(Salvador Ruiz)抽了一口雪茄，將菸霧吐在嬰兒臉上，嬰兒旋即恢復生命跡象。這個嬰兒就是日後的立體派大師畢卡索。

在發現新大陸之前，美洲印第地安人即視菸草為藥材。將菸葉熬汁、磨成粉末或搗成藥糊，即成最佳的解毒劑及鎮定劑，可單獨使用，亦可再調入石灰等其他物質，主要用於治療刀傷、燒燙傷、蚊蟲咬傷、皮膚腫瘤，並可預防傷口感染、發炎，減緩風溼痛和顏面神經痛。

古印第安人甚至將菸草當成食材，嚼、舔、吞、飲皆可，或搭配其他食材，例如菸葉與其他水果所打成的綜合蔬果汁。至於「吸菸」方式則相當多樣：將數片葉子包捲成粗條狀，一端點燃，另一端放入口中抽吸，此種方法最普遍，乃雪茄的前身；以菸斗吸食亦十分常見，菸斗又可分「I」型的長菸斗和「Y」型的鼻菸斗。兩者雖為今日菸斗的前身，但與其說是菸斗，不如稱之為菸管，因為菸管與燃燒菸草的香爐彼此分開。吸食時，先在香爐內焚燒菸草末，有時還加入石灰，以及古柯葉、曼陀羅等含有麻醉成分的植物，再以菸管吸食香氣。「I」型長菸斗的用法如同吸管一般，「Y」型鼻菸斗需同時以口鼻就著分叉的兩端吸食。不論是長菸斗、抑或鼻菸斗，材質可以是一般的蘆葦，也可以是木製或陶塑，並依使用者的身分地位而決定是否在菸管上雕刻。

由於菸鹼有消除疲憊及興奮之效用，令吸食者飄飄欲仙，因而在古印第安人的社會裡，菸草總是被披上

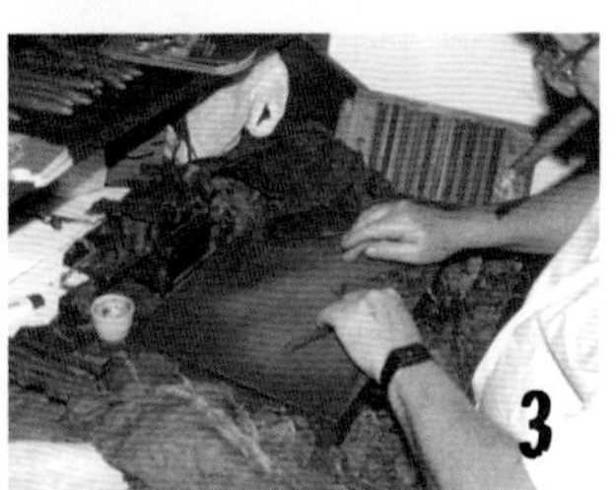

1, 2．據說，卡斯楚無意間抽了一根隨扈的雪茄，發現那雪茄的口感和香氣都非常出眾，於是找來了原來的捲菸師，專為卡斯楚捲菸，供高官和國賓享用，後來這款雪茄就命名為「cohiba」。

3．每一支雪茄都是捲菸師的傑作，鋪整、裁切、包捲、定型，程序繁瑣慎重。

4, 5．古印第安人的「吸菸」方式相當多樣，其中以口鼻同時抽吸的鼻菸斗最特別，而鼻菸斗又有單人使用、雙人同時共用等造型。

神話彩衣，與宗教息息相關。

北美洲的印第安人認為菸草乃天神所賜，因而將菸草投入火堆，相信菸草燃燒出來的陣陣芳香有助於禱詞直達天庭，以求天神賜福。同樣，墨西哥阿茲特克人焚燒菸草，在煙霧瀰漫中恭送雨神特拉洛克(Tláloc)返回天庭，雨神升天後便化為祥雲，降下甘霖滋潤大地。菸草是如此神聖的植物，阿茲特克帝國收受藩屬城邦朝貢時，琳琅滿目的貢品裡一定少不了菸草，而阿茲特克帝王每餐後必定吸食菸草。達伊諾印第安人從出生到走進墳墓更是離不開菸草。

不如阿茲特克帝國的強盛，達伊諾人僅建立簡單聚落，分成酋長、貴族、平民、奴隸等四個社會階級。達伊諾的政教領袖分開，酋長統治聚落並保護村民，隸屬貴族階級的薩滿則負責主持各種祭典，且為村民問神占卜、驅魔治病。除了日常吸食菸草外，舉凡莊稼、狩獵、征戰、婚喪喜慶等大事，薩滿便燃燒菸草作法，在裊裊煙霧中向天神祝禱，祈求國泰民安、農作豐收、戰事勝利或其他禱福。

達伊諾人另有一項特殊的吸菸聖典(rito de la cohoba)，亦即，吸食迷幻植物儀式。僅薩滿熟知聖典咒語，因此是薩滿與天神溝通的聖事，由薩滿主祭，而參加這項聖典的成員只有酋長、薩滿以及其他貴族。舉行吸菸聖典之前，薩滿必須先行淨身儀式，以雕刻精美的木質刮刀刺激喉嚨，引起反胃嘔吐，淨空胃部，象徵驅逐惡靈、潔淨身體。接著，將名為「古阿巴」(cuaba)的黃色松木刨成粉屑，混合菸草末，放入小碟子之中，再把小碟子置於象徵宇宙萬靈的神祇頭頂，使用刻工精緻的鼻菸管吸入粉末。「cohoba」即為粉末之意，由於粉末具麻醉成分，吸入之後會產生幻覺，薩滿因而不斷發出「古阿巴」之歡愉呼聲。這種名為「古阿巴」的黃色松木帶有香氣及樹脂，不僅作為火炬之用，更是祭典不可或缺的焚香。「古阿巴」衍義為「快樂似神仙」，並為古巴的重要雪茄品牌之一，由羅密歐與茱麗葉公司所生產。以「快樂似神仙」作為雪茄品牌頗具興味，與台灣的「長壽菸」有異曲同工之妙。

哥倫布沒找到傳說中的西藩國，也沒有找到金山、銀山，卻開通了大西洋的航道，菸草因而被帶回歐洲大陸，且在資本主義的推波助瀾下被商業化，蔚成時尚符碼。然而，從印第安人的神聖植物到今日上流社會的雪茄，這其中的轉變迂迴曲折，故事性十分濃厚。

巴聶神父(Fray Roberto Pané)將菸草種子帶回西班牙栽種。戴維神父(Fray Andrés Thevet)引介巴西的菸草至法國，不過並未引起法國社會騷動。法國駐葡萄牙大使尼古(Juan Nicot de Villemain)從葡萄牙帶回菸草和菸具，介紹給凱瑟琳皇后(Catalina de Médicis)，當時皇儲法蘭西斯(François，後來的法蘭西斯二世)經常頭痛，吸菸後症狀減輕許多，菸草因他而盛行法國。英國海盜霍金斯(John Hawkins)和德瑞克把菸草帶到大不列顛地區，西班牙征服菲律賓(一五七一年)之後，菸草又從菲律賓傳入中國。十七世紀以降，菸草已傳遍歐亞各處。法國植物學家戴拉夏(Delachamp)在《植物學專論》(*Tratado de Botánica*)一書中，大肆宣揚尼古的貢獻，且以「尼古的藥草」(hierba nicotiana)為菸草命名，即後來「尼古丁」一詞的由來。其實，尼古並非癮君子，也非首位發現菸草的歐洲人，更不知菸草具有生物鹼。

菸草傳遍歐亞各處之後，身價水漲船高，成了藥房裡的仙丹妙藥，同時吸菸人口也逐漸增多。吸菸族群主要集中於水手和士兵，亦不乏探險家和拓殖者，其中以英國爵士羅利(Walter Raleigh)最為著名。一五八四

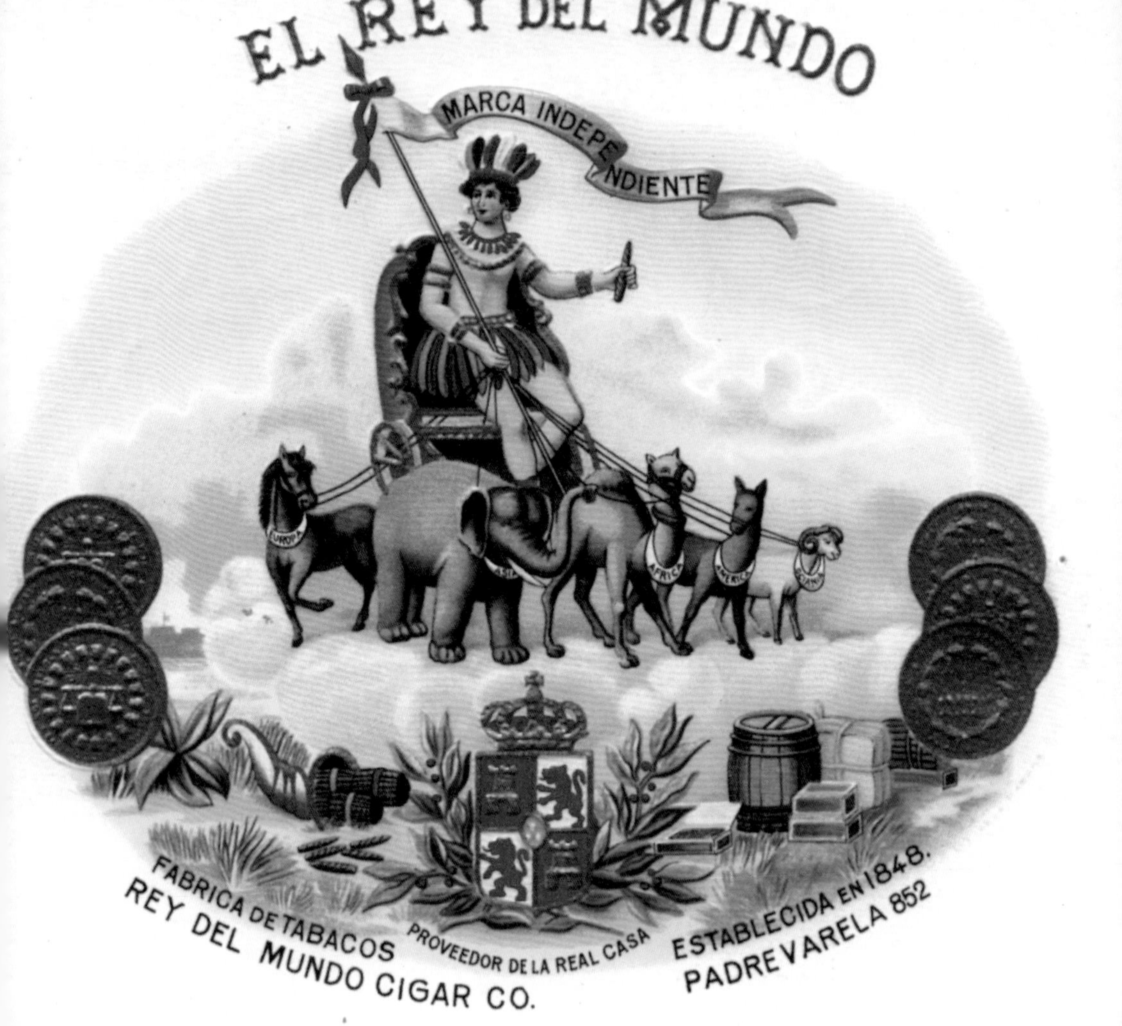
EL REY DEL MUNDO
MARCA INDEPENDIENTE
EUROPA
AFRICA
AMERICA
FABRICA DE TABACOS
REY DEL MUNDO CIGAR CO.
PROVEEDOR DE LA REAL CASA
ESTABLECIDA EN 1848.
PADRE VARELA 852

QUINTERO Y HNO.
FABRICA DE TABACOS
CIENFUEGOS
CUBA.
ELABORADOS EXCLUSIVAMENTE CON RAMA DE VUELTA ABAJO DE ESCOGIDA PROPIA
MANUFACTURED EXCLUSIVELY WITH VUELTA ABAJO LEAF OF OUR OWN SELECTION

RAMON ALLONES
FLOR-EXTRA-FINA
HABANA
RAMON ALLONES
MADE IN HAVANA, CUBA

FLOR DE TABACOS
DE
PARTAGAS
Y Cª
HABANA

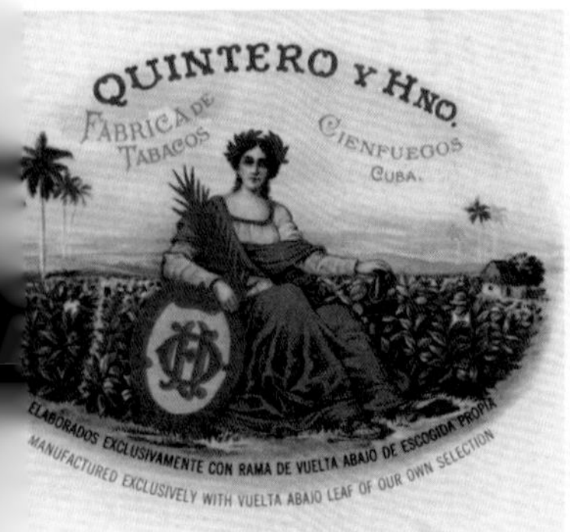

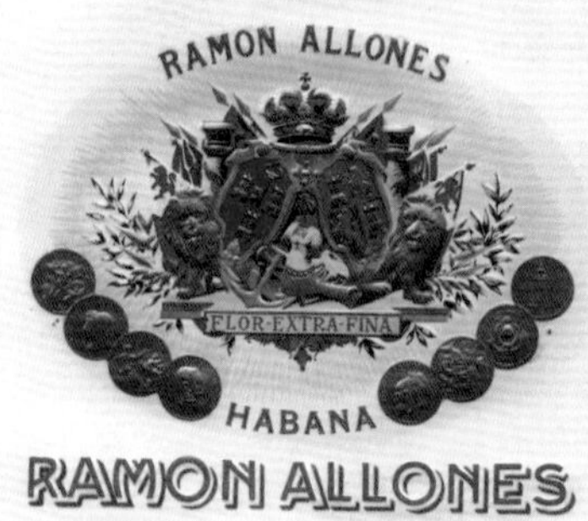

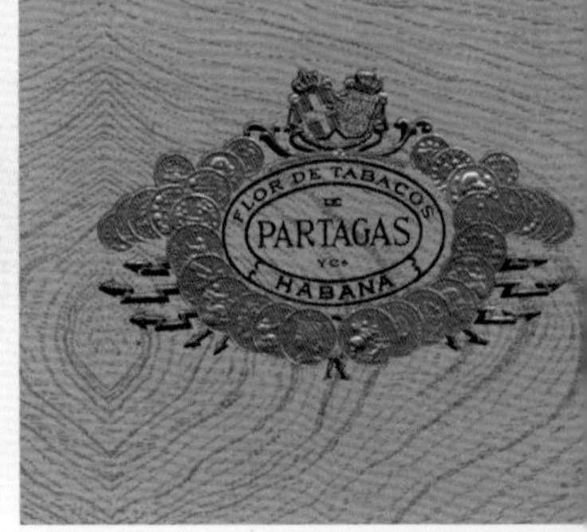

RAMON ALLONES
REAL FABRICA DE TABACOS
PREMIADA EN LAS PRINCIPALES EXPOSICIONES
FUNDADA EN 1837
HABANA-CUBA.

目前市面上的古巴雪茄品牌有三十二種以上，標籤是品質的保證書，堪稱雪茄最美麗的身分證。有些標籤圖案的歷史甚至超過一百五十年，自品牌上市以來便保留原來的設計，因此，標籤成了雪茄愛好者的另一項收藏。

年，羅利探險北美洲，見識到北美印第安人以長菸斗抽菸，稱之「和平菸斗」，象徵和平與友愛。經多方改良長菸斗，將菸管與香爐合為一體，即今日大家所熟悉的菸斗，羅利便將新菸斗引進英國。據悉，某天羅利在倫敦享受吞雲吐霧之樂時，僕人見狀以為失火了，連忙提水朝羅利頭上澆灌。

羅利一生彷彿小說情節，曾為伊莉莎白一世(Elizabeth I)心儀的對象，孰知使君有婦，羅利因而失勢。為了挽回昔日在伊莉莎白一世心中的美好印象，羅利招兵買馬在圭亞那叢林裡找尋黃金國，卻無功而返且遭監禁十三年；後來戴罪立功再次探險黃金國，仍然不得其門而入，徘徊於叢林之外。羅利最後被英王詹姆斯一世(James I)以叛國罪處死，帶著他那永不離身的菸斗，一起步上斷頭台。

著魔也好，著火也行，吸菸者口鼻冒煙、滿身異味、牙齒被尼古丁熏黃，難容於歐亞的保守社會，保守派君王紛紛撻伐，且明文禁菸，菸草一下子又跌入谷底。

篤信天主教的西班牙國王菲利浦二世(Felipe II)於一五八六年敕令，燒毀西班牙境內的菸草，嚴禁國民種植、販售和吸食，違法者將被處以鞭刑或流放。於一五九〇年登基的波斯蘇丹(Shah Abbas-Sofi)則因醫學報告指稱菸草會引發陽萎，而下令禁菸，違法者必判死刑。一六〇四年，英王詹姆斯一世發行《對抗菸草》(*A Counterblast to Tobacco*)小冊子，冊中指出菸草係夷族產物，詳述抽菸的害處，歸咎菸草乃危害國家之物，甚至對進口菸草課以重稅，以杜絕菸草流通於英倫地區。尼古丁的魔幻煙霧飄揚至天主教教會，神職人員也染上菸癮，衛道人士譴責尼古丁、可可鹼、茶鹼、咖啡因為四大騎士，儼然《聖經・默示錄》(即基督教的〈啟示錄〉)裡降臨人世的四大災難。教皇烏爾巴諾八世(Urbano VIII)於一六二四年訓令，禁止教會神職人員吸菸，以免菸味汙染彌撒祭袍和教堂聖殿。在東正教神父的眼裡，癮君子吐出來的煙即地獄之火所燃燒出來的煙，於是稱菸草為魔鬼之草。

禁與罰顯然未能嚇阻癮君子，隨著水手四處航行、軍隊各處移防，吸菸氛圍日漸流行。菸草商業化後，就變得和黃金、白銀一樣貴重。西班牙擁有菸草產區的殖民地，諸如古巴、西班牙島、波多黎各、墨西哥、宏都拉斯、尼加拉瓜、委內瑞拉等地，不僅產區廣袤且品質優良，怎能捨棄菸草的豐厚利潤呢？一六二〇年，西班牙特准亞美尼亞籍商人賈拉法(Juan Bautista Carrafa)在塞維亞(Sevilla)設立第一家製菸廠，發展以大菸葉包捲其他數片菸葉，而製造出雪茄。一六三二年，西班牙頒布菸草種植乃皇家特權，菸農與菸商均必須向國家繳納開發稅。一六八四，西班牙壟斷美洲殖民地的菸草買賣。當初西班牙極力禁菸，一百年後，西班牙竟從中牟利。

古巴有五個菸草產區，分別是：布艾爾達亞巴荷(Vuelta Abajo)、西米布艾爾達(Semivuelta)、巴爾迪多(Partido)、雷梅迪奧斯(Remedios)、哥利彥提(Corriente)，其中以布艾爾達亞巴荷的菸草品質最優。當年洪堡到古巴進行勘察時，曾寫下：「布艾爾達亞巴荷的菸草遠近馳名。」只有布艾爾達亞巴荷、巴爾迪多所產的菸草才能製成上好的哈瓦那雪茄。

菸草消費市場擴大後，各國政府無不從菸草得到豐厚稅收，同時也造成走私猖獗。為了對抗走私菸，各家菸廠絞盡腦汁，提高雪茄品質，且在杉木包裝盒上烙印品牌商號。十九世紀的印刷藝術讓哈瓦那雪茄添了新衣，增了丰采。一八四〇年，拉蒙．亞雍內斯(Ramón Allones)菸廠首次利用印刷精美的菸環，套在雪茄頭部，並在杉木匣加上圖騰精緻的品牌標籤；自此，拉開雪茄華麗包裝的序幕。設計獨特的菸環和品牌標籤不只是歷史記憶，也是藝術創作，今日更蔚為收藏風潮。對我而言，與其說雪茄是一種時尚產品，不如說是一項藝術品，從播種到燻焙，從捲菸到包裝，從選菸到抽菸，每個環節均講究繁瑣儀式，這讓雪茄多了氤氳瀰漫的藝術美感。

不知不覺，菸草成了消憂解鬱的精神食糧，從古典至浪漫時期，再從浪漫主義到後現代主義，吸菸成了時尚象徵，王侯將相、文人雅士、商賈庶民各自在氤氳中找尋慰藉。巴哈、貝多芬、李斯特、華格納、波特萊爾、喬治桑、凱薩琳大帝、邱吉爾……有誰能拒絕雪茄的致命吸引力？

蔗糖的歡樂之子
——蘭姆酒

「吸菸有害健康」，同樣，「未成年請勿飲酒」、「喝酒不開車，開車不喝酒」也是大家耳熟能詳的警語。哈瓦那像極了一座大菸廠，無時不散發出雪茄的馨香味；同時，也像極了一座大酒莊，瀰漫著蘭姆酒薰人欲醉的香味。哈瓦那到底是神聖之都？還是墮落之城？有稱為「哈瓦諾」的哈瓦那雪茄，也有名為「哈瓦那俱樂部」(Havana Club)的蘭姆酒，又是菸又是酒，不可名狀的味道彷彿由女巫調配而出，是尼古丁在作祟？還是酒精惹的禍？初聞令人暈眩，再聞竟然教人迷戀，不得不追尋這背後的傳奇。

哥倫布開拓新航道之後，對歐洲人而言，美洲這片廣袤的陌生大陸是那麼新奇，無奇不有：既神奇且魔幻的菸葉、吃法千變萬化的玉米餅、又冷又辣的巧克力、減輕高山症的古柯葉、樹幹流出來的白色汁液、治療熱病的樹皮……這一切只能用「不可思議」形容之。將美洲的奇花異草和藥材香料帶回歐洲是探險家的任務之一，於是，菸草、玉米、番茄、番薯、可可、辣椒、橡膠、馬鈴薯、金雞納樹等植物陸續被帶到舊大陸，改變人類飲食習慣及生活形態，甚至對醫學貢獻頗多。

征服美洲的同時，拓殖者儼然造物主，在烽火中重建美洲，實施歐洲的文化制度。但是這還不夠，拓殖者的船隊也仿傚諾亞方舟，引進美洲缺乏的動植物，繁殖牛、羊、馬、驢、騾、貓、狗、雞、鴨、鴿等之外，亦栽培甘蔗、稻米、柑橘、葡萄等源自歐亞的農作物。

如此大規模的生態交流，悄悄產生微妙關係，隨著時間巨輪的運轉而掀起另一波巨變，其中以甘蔗的影響最為深鉅，爾後為美洲帶來三百餘年的奴隸制度，造成非洲黑人人種大遷徙，寫下慘絕人寰的歷史，也改寫人種誌，當初哥倫布可能始料未及！

一四九三年，哥倫布進行美洲第二次航道探險，一名加納利群島(Islas Canarias)的甘蔗專家隨行其中。

這位甘蔗專家抵達西班牙島不久後便身亡，然而，加勒比海的陽光、土壤、雨水讓甘蔗這種外來作物落地生根，不僅在西班牙島蓬勃生長，也陸續傳入古巴、波多黎各、牙買加諸島，妝點了加勒比海的鄉野風光，也成為加勒比海的經濟命脈。古巴畫家維夫瑞多・藍恩(即林飛龍)在他的〈叢林〉(*La Jungla*)系列裡，刻意喝采古巴母土蔗林的生命律動。

甘蔗原產地可能為亞洲南部的印度、越南、中國及東南亞附近的太平洋島嶼。阿拉伯人將甘蔗傳到西班牙，西班牙人再由伊比利半島將甘蔗移植至加納利群島。甘蔗性喜陽光及溫暖氣候，生長時需要大量水分，適合種植於溼潤熱帶與亞熱帶地區；環加勒比海地區正好擁有這些條件。

人類攝取糖之後，經過消化分解成葡萄醣(單醣)；醣是人體不可或缺的原料之一，在人體飢餓與遭受劇烈震動時，醣能迅速由儲備狀態轉變為可用物質，使人體力恢復。醣主要來自米、麥、食糖等，因此，從蜂蜜到蔗糖，自古人類便不斷找尋食糖來源，以補充身體能量。在中世紀的歐洲，蔗糖乃一項稀有珍品，被置於藥房視為藥材以公克販售，僅貴族有能力食用。蔗糖盛產後，提供人類最佳的食糖來源，用途不再只是補充體力，而是被大量用於食物調料，增加美味，也用於醃製食品，抑制微生物生長。人類嘗了「甜頭」之後，就更加依賴蔗糖，當然也更懂得善用蔗糖來搭配飲食。不論是可樂果抑或可可豆，若沒有糖的催化，就不是席捲全球的可樂，更不會是老少皆愛的巧克力。

蔗糖把阿茲特克國王那又冷又辣的巧克力昇華為精緻的「Godiva」，也把古巴變成「蔗糖文化國度」，最後又產下「蔗糖歡樂之子」(El hijo alegre de la caña de azúcar)，這其中的變化十分戲劇化！

西班牙征服古巴(一五一一年)之後，在短短數年間便建立七個城鎮，並施實奴隸分配制(Repartimiento)，後來改稱監護制(Encomienda)，將印第安納入勞動體系，強迫他們耕種、挖礦。十六世紀的西班牙只要黃金和白銀，當古巴的金砂被淘光後(一五四二年)，西班牙人便將拓殖重心放在美洲大陸上，幾乎遺忘古巴。根據一五四四年的統計，島上六個西班牙城鎮加起來，共計一千七百四十九人，其中西班牙拓殖者一百一十二人、印第安自由人八百九十三人、奴隸(印第安人和黑人)七百四十四人。這項統計不包括聖地牙哥和其他印第安人聚落。西班牙人離開係因為古巴喪失了魅力，印第安人口不斷凋零乃因殖民政府的殘暴統治。征服之前，印第安人約十一萬，一五五〇年僅存三千人，到了一五六〇年則全遭滅種。為了維持勞動人口，西班牙從非洲引進黑奴。

因戰略位置極佳，也因生產菸草和蔗糖之故，古巴漸漸復甦，成為西班牙往返新舊大陸之間的樞紐。栽種甘蔗需要大量的勞力，煉糖也需要大量的人力，全賴黑奴以血淚灌溉、釀製而成。十八世紀中葉以前，古巴蔗糖產量非常有限，每年不到三萬阿羅瓦(arroba，西班牙重量單位，約三十五萬公斤)，且全由西班牙壟斷。英國占領古巴西境十一個月期間(一七六二年八月至一七六三年七月)，打開了古巴蔗糖的自由貿易；爾後，海地爆發黑奴起義行動(一七九一年)，海地的蔗糖業主紛紛逃到古巴另起爐灶，促進了古巴經濟的繁榮。一夕之間，甘蔗園數目擴大，黑奴也急遽增加。自一五一三年正式核准黑奴進口之後，兩百五十七年來(一五一三——一七七〇年)的黑奴人數總和，不及從一七七〇至一八〇〇年間輸入的黑奴。奴隸增多了，蔗糖產量自然大幅提高，到了十九世紀中葉，每年約七十萬公噸。

糖廠的設備從簡陋到現代化，過程儼然一部科技史。壓榨蔗莖的方式，最早靠馬或奴隸推拉磨盤，後來改採水磨，最後以蒸汽滾筒來壓榨蔗莖。取得甘蔗汁(guarapo)後，起初將之曝曬於陽光下，待水分蒸發結晶後即得蔗糖。拜工業革命之賜，農業與工業分開，技術與衛生也兼具：採用虹吸法澄清甘蔗汁，以石灰淨化甘蔗汁中的雜質，接著中和酸性，過濾殘渣，去除多餘的石灰，再將甘蔗純汁置於蒸汽鍋爐蒸餾，直到結晶成棕色砂糖，並加入活性碳脫色、精煉成白色砂糖。這些過程皆在高溫下進行，工作環境非常惡劣，沒想到在惡劣環境中釀造出「蔗糖歡樂之子」——亦即蘭姆酒，換言之，甘蔗酒。

其實，蘭姆酒的產生純屬意外。甘蔗汁有袪痰功效，解熱解毒，袪胃熱、除心煩，減輕氣喘病症狀，是糖廠黑奴經常偷喝的飲料。據信，一名黑奴無意間喝了發酵的甘蔗汁，醉意醺醺；消息傳開後，其他黑奴無不想藉機品嘗，且將之視為瓊漿玉液。起初，這種發酵的甘蔗酒被稱為「tafia」或「matadiablos」，即消滅惡魔之意。甘蔗汁有醫療功效，釀成酒之後，亦可消暑降火、袪病除疫，更可消愁解憂，儼然驅魔逐鬼的良藥。

由於海盜將甘蔗酒帶至船上享用，隨著海盜四處流竄，甘蔗酒也流行於大小安地列斯群島；而加勒比海的大小島嶼，以及美國南方、墨西哥、巴西等地均產甘蔗，因此皆可釀製甘蔗酒。一六九四年，法屬安地列斯群島最早使用蒸餾法，提高了甘蔗酒的酒精濃度。十八世紀初，甘蔗酒已聲名大噪，不只是海盜，也是船員最愛的飲品，更被人口販子當成貨幣以交易奴隸。但是甘蔗酒為何又被稱為蘭姆酒？

蘭姆酒譯自英文的「rum」，西班牙文為「ron」，法文為「rhum」。對於這個字的起源眾說紛紜，有人說源自加勒比海地區的黑話「**rum bullio**」或「**ronbullión**」，指海盜掠奪金銀財寶後，飲酒作樂時的狂歡舉動，具有興奮、騷動之意；也有人說「**rumbullio**」乃英格蘭南部的俚語；還有人認為源自巴多瓦語(patois，加勒比海一種混合法語和非洲土語的方言，流行於法屬安地列斯群島)，由「rheu」(蔗莖)與「bouillon」(蒸餾汁液)所組成。另有一說，「rum」係來自蔗糖之拉丁文「**Saccharum officinarum**」，取其最後一個音節而成。

十八世紀中葉以降，蘭姆酒取代了啤酒，成為加勒比海英國海軍的日常配額。蘭姆酒的酒精含量自百分之四十到七十不等，為了避免宿醉誤事，彼時的英國海軍艦長通常要求官兵加水稀釋蘭姆酒，並加入糖和柳橙汁；如此一來，不僅不會飲酒過量，同時增加口感，也補充了維他命C防治壞血病。

為了不影響蔗糖生產，也為了節省成本，蘭姆酒不直接以甘蔗汁釀製蒸餾，而是將酵母加入製糖後所剩餘的黑色糖蜜，發酵後加水稀釋，再放入鍋爐蒸餾過濾。甘蔗的經濟價值極高，除蔗糖之外，還可生產出糖蜜、糖漿和酒等副產品，而甘蔗纖維殘渣亦可作為燃燒物或紙漿原料，一舉數得，讓蔗糖業主賺進大筆財富。

一八三七年，連宗主國西班牙都還未有鐵路建設，古巴便開始興建鐵道，以運輸蔗糖和蘭姆酒。一八三八年，西班牙加泰隆尼亞地區的百佳地(Bacardi)家族移民古巴聖地牙哥；一八六二年，百佳地開設酒廠，引進百氏獨特的蒸餾法。短短光景，百佳地蘭姆酒便成功打入國際市場，成為知名品牌。古巴大革命後，因企業國有化政策的利益衝突，百佳地憤而於一九五九年攜帶品牌出走波多黎各，其產品從此在古巴銷聲匿跡。百佳地位於哈瓦那的企業大樓雖被收歸國有，大樓前那塊鏤刻著「Bacardí」的銅牌依然閃閃發光。

哈瓦那雪茄被譽為上品，聖地牙哥則號稱蘭姆酒的最佳產地。百佳地、瑪杜莎連(Matusalém)相繼出走，一些老品牌也不敵時光歲月，紛紛走入歷史，現在雖然有聖地牙哥(Santiago)、卡內伊(Caney)、加勒比海俱樂部(Caribbean Club)等品牌行銷歐亞市場。不過，聖地牙哥所產的蘭姆酒仍得臣服於哈瓦那俱樂部蘭姆酒！

今日古巴蘭姆酒之王非哈瓦那俱樂部莫屬，在國際上頗受好評，知名度遠遠勝過百佳地。哈瓦那俱樂部蘭姆酒創於一八七八年，標籤上的圖案十分特殊，是一個女人右手撩起裙角、左手拿著權杖，瞭望遠方。這個圖案蘊藏一段淒美的愛情故事。

一五三九年，古巴總督索多(Hernando de Soto)接下征服佛羅里達的任務，由夫人伊內絲(Inés de Bobadilla)暫代總督一職。索多一去四年多，最後死於征途，消息傳回古巴後，伊內絲傷心過度而辭世。據說，伊內絲在丈夫出征期間，每天到哈瓦那港口眺望遠處，等待丈夫的船隊凱旋歸來。可憐的女人在等待的期間還得獨自面臨海盜來犯(一五四三年)，手中緊握權杖似乎象徵代替夫婿捍衛古巴。一六三四年，雕刻家以這個故事為藍圖，雕塑了一尊伊內絲銅像，將她置於哈瓦那總督府以紀念這位西班牙殖民時期的唯一女總督，也歌誦伊內絲和索多鶼鰈情深的故事，同時勾勒出伊內絲望穿秋水的等待。這尊雕像後來被複製成風向標，高立於哈瓦那皇軍城堡的塔台，作為哈瓦那的地標，也成為哈瓦那俱樂部蘭姆酒的標籤圖騰。

古巴人喜歡「蔗糖歡樂之子」這個詞，也愛稱蘭姆酒為「甘蔗白蘭地」，顯示出這個民族的幽默與達

1・皇軍城堡塔台上的風向標，不僅是哈瓦那舊區的地標，也暗藏一段淒美的愛情故事。這個風向標被命名為「希拉迪亞」(Giraldilla)，取名自西班牙塞維亞大教堂的「希拉達鐘塔」(Giralda)，原來故事女主角伊內絲夫人出生於塞維亞。殖民時期所製的風向標毀於某次颶風，現在所見到的是複製品。

2・伯迪奇達的調酒師同時調出九杯「莫希多」，出神入化的手藝令人嘆為觀止。

3・以蘭姆酒取代杜松子酒的偶然，竟然孕育出迷人的黛奇麗傳奇。圖為佛羅里迪達所調製的黛奇麗。

4・哈瓦那俱樂部蘭姆酒最受歡迎的酒款由右至左為：陳年白標、三年陳酒、特級陳年。

觀。對古巴人而言，蘭姆酒可以鼓舞靈魂、振奮精神，絕非普通的「甘蔗酒」，也不再是當年海盜狂飲的烈酒；與其說是飲品，不如稱之為藝術品，必須挑剔酒香、色澤、溫度、口感和甜度，一旦與她邂逅之後，騷人墨客無人能捨得如此美麗的誘惑！

的確，蘭姆酒的魅力來自釀製時的堅持，各種品牌的蘭姆酒因甘蔗品種不同、發酵時間不一、蒸餾方法迥異、貯藏時間長短不等而各有千秋，彼此爭奇鬥豔。以哈瓦那俱樂部蘭姆酒為例，其酒款琳琅滿目，常見的有：陳年白標(Añejo Blanco)、三年陳酒(Añejo 3 años)、特級陳年(Añejo especial)、七年陳酒(Añejo 7 años)。陳年白標晶瑩剔透，味道清香但口感強烈，適合調製「莫希多」(Mojito)。三年陳酒顧名思義，蒸餾後再貯藏於橡木桶內三年，色澤淡黃，屬中質風味，是「黛奇麗」(Daiquiri)的基酒。特級陳年貯存於橡木桶內五年，呈金棕色，味道芬芳甘醇，適合獨飲，或與可樂搭配成「自由古巴」(Cuba libre)雞尾酒。至於濃郁醇厚的七年陳酒，色如深琥珀，彷彿深情款款的老情人，是獨飲的最佳選擇。

一九二〇年代，美國實施禁酒令，愛好杯中物的美國人紛紛來到哈瓦那買酒尋歡，古巴調酒師協會(Club de Cantineros)因而於一九二四年成立，大力推廣哈瓦那俱樂部蘭姆酒，且研發出多種迷人的雞尾酒。因海明威之故，「莫希多」和「黛奇麗」聞名遐邇；「自由古巴」主要由可樂和蘭姆酒調和，貼切反應出美國與古巴之間的恩怨；「姆拉達」(Mulata)原指黑人和白人所生的混血女，如此酒名令人遐想，頗有醉翁之意不在酒的感覺；還有「獨特哈瓦那」(Habana especial)……

黑人苦難歷史昇華至堅韌樂觀的古巴氛圍，蘭姆酒不只驅魔逐鬼，還帶來歡樂。人生幾何，對酒當歌，在古巴音樂的助興下，如此感官饗宴怎能不教人癡、令人醉呢？

海明威路線

海明威駐足古巴二十載，將熱愛古巴之情化成文學創作，為古巴寫下《老人與海》(*The Old Man and Sea*)、《溪流灣中的島嶼》(*Islands in the Stream*)。這兩部小說成了最佳文宣，吸引各國觀光客前往古巴，找尋海明威的足跡，體驗海氏風情。海明威留在古巴的足跡堪稱「社會記憶」，特別是哈瓦那舊區，已被朝聖者踏出一條海明威路線。

以大教堂為起點，安步當車，即可進行一趟文學、美酒與珍饈的巡禮，朝聖海明威。

早上十點鐘先到伯迪奇達(La Bodeguita del Medio)酒吧，酒吧位於石板街(la calle Empedrado)，距大教堂僅咫尺。石板街係哈瓦那第一條鋪上石板的街道，因而得名。伯迪奇達酒吧就位在該街區的中段，西文原意是「位於中間的小酒吧」。

為何一大早就到酒吧喝酒買醉？因為，伯迪奇達才開門營業，成團外國觀光客還不致蜂擁而上，因此可悠閒坐在吧台前，點一杯莫希多，欣賞調酒師嫻純技巧，細細品嘗啜飲，瀏覽牆上滿掛的名人照片，讀讀塗滿牆壁的名人留言與簽名，聆賞由沙鈴、吉他、邦哥鼓(bongó)伴奏的古巴情歌，或乾脆隨音樂婆娑起舞。

伯迪奇達於一九四二年開張，是文人雅士聚集之處，在此談詩論藝、共商國是。文人雅士捨棄了原來的店名，直接稱呼「位於中間的小酒吧」。波希米亞式的浪漫與不羈，讓「伯迪奇達」聲名大噪，國際聞人也隨之慕名而來；除了海明威之外，智利詩人聶魯達、哥倫比亞小說家馬奎斯等幾位諾貝爾文學祭酒也是這裡的常客。酒吧內亦提供中上價位的古巴佳餚，名為「舊衣裳」(*Ropa Vieja*)的醃肉絲飯或「醃肉薄排」(*Aporreado de Tasajo*)是必嘗的傳統美食，而在這裡用餐，波希米亞式的氛圍成了最佳佐料。

牆上一張張留言透露出文人雅士把酒言歡後的真性情。古巴詩人紀廉為伯迪奇達作了一首十四行詩，以「小酒窖成了大酒吧」形容伯迪奇達是思想的沙龍、文化的搖籃。前智利總統阿言德(Salvador Allende)則寫下：「古巴已獲自由，智利尚待努力。」不料阿言德一語成讖。阿言德因仿傚古巴進行社會主義改革，引發皮諾契特(Augusto Pinochet)於一九七三年發動軍事政變，阿言德於政變中喪生。在美方的扶持下，皮諾契特繼任智利總統，實施軍事獨裁。二〇〇六年，左派的巴切萊特(Michelle Bachelet)當選總統，睽違三十三年，智利終於奉行社會主義。

當然，海迷的目光不會多停留在紀廉的十四行詩上，也不會太注意阿言德的字句，而是在眾多留言裡找尋海明威的字跡：「我在伯迪奇達的莫希多，我在佛羅里迪達的黛奇麗。」文句簡潔，但強而有力，使古巴蘭姆酒聲名遠播。

二十世紀初，古巴人喜愛口感香甜的蘭姆酒，於是在白蘭姆酒中加上砂糖、檸檬汁、蘇打水，再以新鮮薄荷葉提味，由於散發出藥草清香，便稱這種調酒為「droguecito」(小藥草之意)，即莫希多之前身。一九一〇年代，莫希多成為哈瓦那高級酒吧最熱門的飲品；伯迪奇達調製的莫希多，一杯為「可兌換古巴披索」[6]四元，價格比其他酒吧略貴，但因海明威之故，觀光客絡繹不絕，人手一杯為伯迪奇達賺進大把鈔票。

6．古巴有兩套貨幣制度，一為古巴披索(peso cubano)，另一則為對抗美國禁運政策而發行的「可兌換古巴披索」(peso convertible cubano)。古巴自二〇〇四年十一月八日起，禁止在國內使用美金。

LA BODEGUITA
DEL MEDIO
CARGUE CON SU PESAO
1
YA LO DIJO DULCINEA AMANTE DE DON QUIJOTE QUIEN SE TOMA AQUI UN MOJITO SE RELAME HASTA EL BIGOTE
Dr. Salvador Allende
Bodeguita del Medio 28 de Junio, 1961
4
3
2

1・伯迪奇達被譽為古巴的「思想沙龍」、「美食殿堂」。

2・紀廉的十四行詩就高掛在酒吧的牆上，旁邊是伯迪奇達創辦人馬丁尼滋(Ángel Martínez)的畫像。

3・阿言德的字跡(圖右)旁還有一則令人莞爾的留言：「堂吉訶德的情人——杜西內婭曾說過：一旦嘗過此地的莫希多，會反覆舔唇，甚至舔到了鬍子。」

4・在伯迪奇達內的一角，隨時有樂團演奏古巴情歌。

5・伯迪奇達酒吧後面是餐廳，牆面掛滿了曾經到此造訪的名人相片，也塗滿了顧客的留言和簽名。

6・「我在伯迪奇達的莫希多，我在佛羅里迪達的黛奇麗。」海明威的字跡掛在酒吧最明顯的位置。

7・為了凸顯「莫希多」，海明威又重複寫下：「我在伯迪奇達的莫希多。」

8・佛羅里迪達所使用的黛奇麗杯墊，上面印有海明威名字。

至於黛奇麗，據信，係義大利後裔巴可魯奇(Giacomo Pagluchi)和美國人克斯(Jennings Cox)所合作的成果。兩人都是工程師，於二十世紀初服務於聖地牙哥附近的礦區。某日，克斯平時所飲用的杜松子酒喝完了，由於還不習慣蘭姆酒的口感，於是調入檸檬、柳橙等果汁，並加入砂糖，而意外調配出新飲品。當時在場的巴可魯奇，便以附近海灘黛奇麗命名。

若要品嘗海明威的黛奇麗，得到佛羅里迪達酒吧(El Floridita，花團錦簇之意)。出了伯迪奇達後，沿著石板街往下走，經過六個街口，在拉斯密西翁內斯大道(Avenida de las Misiones)左轉，沿途會經過百佳地大樓，只消再走兩個街口，即可見到佛羅里迪達顯目的招牌。

位於主教街(Obispo)五五七號，佛羅里迪達是海明威最喜歡去的地方之一。迄今，佛羅里迪達牆上仍掛著數張海明威與好友的合影，牆邊擺上海明威的半身塑像和全身銅像，海明威坐過的椅子也被完好保存，置放於牆角。觀光客爭相與海明威的銅像拍照，閃光燈閃爍不停。身穿紅色制服的調酒師在吧台後專心舞杯弄瓶，無視於觀光客熙來攘往；倒是販賣海明威紀念品的小姐不時追著觀光客，展示琳琅滿目的商品。

這裡，一杯黛奇麗為「可兌換古巴披索」六元，附送一小碟炸香蕉薄片。價格雖為其他酒吧的兩倍，但因海明威魅力之故，一年至少調製十五萬杯。

哈瓦那數一數二的豪華餐廳就在酒吧內，是品嘗山珍海味的好地方，以「經典龍蝦排」(Clásica Langosta Mariposa)和「海明威海鮮總匯」(Gran Plato Hemingway)最受好評。裝潢古典、餐具精緻、服務貼心、氣氛浪漫，在此享用佳餚，宛如置身二十世紀三〇年代的繁華時光。

時光回溯至一九三二年左右，佛羅里迪達調酒師瑞巴拉夸(Constantino Ribalaigua)為海明威調製個人專屬的黛奇麗——在雙份蘭姆酒中加入五滴櫻桃酒，調入葡萄柚汁、和入冰塊，再攪碎成冰沙，最後用三角形的雞尾酒杯裝盛。除了色澤粉白、口感冰鎮之外，雙份蘭姆酒香氣逼人，釋出陽剛之氣，深受海明威喜愛。從此，黛奇麗隨著海明威而大受歡迎，也被譽為雞尾酒之王。海明威個人口味的黛奇麗是不放糖，但為了迎合大眾，調酒師適度加入一小茶匙的砂糖，以增加甜度。

海明威酷愛海，也喜歡寫海，透過細膩的筆觸，海洋風貌千變萬化，蘊含深邃的思想與懾人的真實感。同樣，海明威熱愛品酒，也喜歡描寫酒，他將酒香、色澤、溫度、口感化成生活情趣，並將酒與海合為一體，勾勒出劇情的生命律動。在《溪流灣中的島嶼》裡，黛奇麗絕非只是一杯普通的雞尾酒，似乎成為一個要角，與主人翁湯瑪士．胡森(Thomas Hudson)展開情緒邂逅，而邂逅的故事背景正是佛羅里迪達酒吧：

> 他正喝著一杯不加糖、冰凍的黛奇麗。沉甸甸的酒杯緣口結霜，他舉杯觀看黛奇麗清澈的底部，不禁聯想起海洋：冰凍部分像船尾水面的痕跡，清澄部分像船首畫過泥灘的淺水，幾乎是同個色調。
>
> 「這杯黛奇麗調得真好，很像船頭翻滾的海浪。」
>
> 湯瑪士．胡森舉起酒杯，手指握著沉重冰涼的杯腳；他長飲一口，吞嚥前含在口中，感覺齒間一陣清涼。

海明威寫活了黛奇麗，也昇華了黛奇麗。佛羅里迪達位於主教街五五七號，保留了海氏氣味和氛圍，觀光客趨之若鶩，只為品嘗那宛若雪花般的雞尾酒，並與化為永恆的海明威銅像合影。

的確，將黛奇麗含在口中，瓊漿玉液流入齒間的那一剎那，頗有大地回春的感覺。與黛奇麗邂逅後，沿著主教街往回走，走向舊區，一路可欣賞哈瓦那繁榮的景象。主教街是西班牙殖民時期重要的街道之一，商店林立，如今改成人行步道。不知不覺過了八個街口，粉紅外牆的兩個世界大飯店(Hotel de Ambos Mundos)出現眼前。

一九三一年，海明威初次抵達哈瓦那，寄宿於兩個世界大飯店五一一號房。當年，海明威就是沿著主教街，往返於佛羅里迪達與飯店之間。

兩個世界大飯店位於主教街和商賈街的交會處。飯店一樓大廳是喝咖啡的好場所，廳內擺了一架鋼琴，琴師不時彈奏著古典樂曲，小提琴手偶爾也加入，悠揚的二重奏伴隨咖啡飄香，足以讓遊客洗滌旅途的疲憊。大廳的另一端掛滿海明威的照片，裱了框的海氏簽名懸掛在明顯位置，就怕海迷沒注意到。老式升降梯上上下下，十分忙碌，除了服務飯店的房客外，也送海迷到五一一號房參觀。

五一一號房位於邊間，房間不大，甚至略嫌擁擠。房內尚留有打字機、書籍、衣物、皮箱、獵槍、模型船等海明威個人物品，床、寫字桌、櫥櫃擺設依舊。走入時光隧道，彷彿見到一個著迷於鬥牛、熱中於海釣、愛好狩獵的年輕作家，聚精會神敲打著打字機，逐字鋪陳出《戰地鐘聲》(*For Whom the Bell Tolls*)。

飯店頂樓的陽台餐廳是鳥瞰哈瓦那舊區的最佳地方，也是享用古巴美食另一個好選擇。俯瞰街上人潮熙來攘往，突然領悟到，海氏洗練筆鋒與迷人手采全來自他豐富的人生閱歷，以及他那藏不住的冒險精神。海

CALLE
DEL
OBISPO
CAFE
AMBOS MUNDOS
HOTEL
AMBOS
MUNDOS
ESPAÑA

兩個世界大飯店的粉紅色外牆十分醒目。飯店大廳掛滿了海明威的照片，也保留了五一一房供海迷參觀。房間內擺設依舊，最引人矚目的是那部皇家牌打字機。由於房間位於邊間，往窗外望去，殖民時期的總督府、主教街和商賈街的景象，盡收眼底。

納百川的胸襟和隨遇而安的個性，使他不必刻意經營異國情調，即可寫好「他人」的故事，而《老人與海》便是最佳例子。

這條路線的次序也可略作改變：朝聖完伯迪奇達酒吧之後，沿著商賈街往閱兵廣場方向走，即可抵達兩個世界大飯店，接著再到佛羅里迪達。

一九三九年，海明威在哈瓦那近郊買下維吉亞農莊(Finca Vigía，或譯為瞭望農莊)，以利長期居留，而這一住就是二十年。第二條海明威路線便是參觀維吉亞農莊，但農莊距哈瓦那十五公里，必須雇車前往。

維吉亞農莊占地頗廣，花園裡種滿熱帶植物，比拉號(Pilar)漁船靜靜停放在花園角落。除了主屋外，還有親友招待所、游泳池、車庫，以及一座三層樓高的眺望台兼寫作書房，農莊因而得名。主屋是海明威生前的居家空間，圖書室內收藏了八千本書籍，起居室的牆上掛著從非洲打獵得來的動物標本，小吧台上留著數瓶喝了一半的酒，種種擺設展現出巨擘的生活品味與冒險精神。

海明威喜歡馳騁非洲草原狩獵，定居哈瓦那之後，轉而沉醉於古巴鬥雞和海釣。因此，海明威常到農莊附近的科希瑪(Cojímar)漁村，駕船出海垂釣，以滿足他那充滿戰鬥力的細胞，爾後並將海釣經驗累積成《老人與海》。「老人與海」是第三條海迷不可錯過的朝聖路線。

到科希瑪漁村釣魚時，海明威會在碼頭邊一家叫拉蒂拉薩(La Terraza，露台之意)的餐廳用餐。因緣際會下，結識了老漁夫佛恩提斯(Gregorio Fuentes)。自一九三三年起，佛恩提斯便為海明威駕駛比拉號出海，也為他照顧比拉號，兩人建立深厚友誼。《老人與海》中的老人聖迪亞哥(Santiago)即以佛恩提斯為藍本。老人已八十四天沒有捕到魚了，但不氣餒，終於捕到一條比船身還大的馬林魚，卻受到鯊魚攻擊。老人獨自與海搏鬥、對抗鯊魚，堅決將馬林魚拖回岸上。最後上岸時，整條魚只剩魚骨：

但是到了午夜，他又搏鬥了，而這回他知道搏鬥無益。來了一群鯊魚，竄到那魚身上，他只見到鯊魚的鰭在水裡畫下一道道的線，以及鯊魚身上的鱗光。他用木棒擊打鯊魚的頭，聽見鯊魚嘴巴嘓嘓作響。鯊魚在下面咬著魚時，他就聽見小船顫抖的聲音。他絕望地用木棒亂打，看不見目標，也感覺不到，但聽得見，然後他覺得什麼東西攫取了他的木棒，木棒沒了。

老人性格堅韌，如此傲骨正是古巴人民的寫照。佛恩提斯生於一八九七年，二〇〇二年辭世於科希瑪漁村的家中，享壽一百零四歲；觀光客再也無法聽到老人侃侃而談，縷述他與海明威在海上的冒險故事。到科希瑪漁村欣賞波光粼粼的海景，憑弔那個「不是為失敗而生」(But man is not made for defeat)的老人，仍是愜意的文學之旅。

回到哈瓦那，沿著防波堤大道，驅車至位於米拉瑪(Miramar)的海明威國際遊艇俱樂部(Marina Hemingway)，搭乘遊艇出海，回顧《溪流瀰中的島嶼》的精采橋段或想像海明威的真實人生，即可完成在哈瓦那地區朝聖海明威的最後一條路線。這條路線雖然過於商業化，卻可藉水路觀賞哈瓦那如詩如畫的海岸線。

1
3
2

1．海明威的維吉亞農莊宛如一座熱帶植物園。
2．一顆牛頭就高掛在書桌後面的牆壁。
3．維吉亞農莊的起居室一景，牆上掛著從非洲所獵得的戰利品。
4．房間一角，牆上仍少不了動物標本。
5．餐廳擺設豪華，顯然海明威生前交遊廣闊，經常款待達官貴人。
6．古巴的海，滿足了海明威的冒險精神，不時駕駛比拉號出海，海上經驗孕育出《老人與海》、《溪流灣中的島嶼》等小說。

從科希瑪漁村遠眺海景，海面波光粼粼，宛如溫柔女郎，而這正是老人對海的看法：「他腦海裡的海永遠是女郎，在西班牙文裡，一旦人們愛上她，就會以陰性稱呼她。」

在每一個海明威曾經駐足的地方，必定看到一張海明威與卡斯楚的合影照片。這張照片係古巴攝影家柯達於一九五九年所拍，當時卡斯楚參加一年一度的釣魚大賽贏得冠軍，接受海明威的道賀，並從海明威手中接過獎盃。外界抨擊古巴將這張照片當成宣傳工具，拿海明威為卡斯楚背書。

海明威後來因病返回美國治療，疾病讓他成為頹喪老人，陽剛個性又讓他如力大巨鱗一般。一九六一年，仿傚老人以魚叉戳進馬林魚，驕傲英雄不容惡疾纏身，也以雙膛獵槍自戕，為精采人生畫下完美句點。當年海明威支持左派的西班牙共和政府，也堅信卡斯楚的革命可帶領古巴走向安康社會；可是，他沒有機會評論卡斯楚政府與美國之間的恩怨，同樣，後人也無法證實他是否如馬奎斯一樣，永遠支持卡斯楚的社會主義信念。那只是一張歷史照片，不必太在意！

卡本迪爾與「美洲的神奇事實」

雖說國家不幸詩家幸，但是，古巴文人不只吟風弄月，也擔荷社會責任，憂國憂民。馬帝是十九世紀末的現代主義先驅，終其一生為古巴解放而戰。卡本迪爾自創「美洲的神奇事實」(Lo real maravilloso americano)一詞，為二十世紀拉美魔幻寫實主義(realismo mágico)奠下基礎，日後更參與卡斯楚的掃除文盲運動，為社會盡力。

卡本迪爾的父親是法國建築師，母親為俄國外語教師，兩人於一九〇二年移居古巴，而卡本迪爾於一九〇四年生在哈瓦那。古巴人種主要由西班牙人、印第安人、黑人，以及少數華人所混血而成，卡本迪爾的血統不同於一般古巴人，卻拋開血統迷思，反而認同出生地，以古巴之子為榮。

卡本迪爾自幼以法語為母語，勤練古典鋼琴，熟讀啟蒙運動文學；然而，卡本迪爾並不鄙視居家之外的西班牙文、黑人音樂和詭譎的宗教信仰。這兩種截然不同的環境開拓了卡本迪爾悅納異己的胸襟，進而影響爾後的寫作風格。

受到父親的濡染，卡本迪爾就讀哈瓦那大學建築系，擬繼承父業。不料，父親離奇失蹤，音訊全無，卡本迪爾只好輟學，轉而從事記者與雜誌編輯行業，從此開闢文學創作之路。

一九二五年，獨裁者馬恰督(Gerardo Machado)繼任古巴總統。為了達到長期執政之目的，馬恰督迫使國會通過任期延長案，因而於一九二七年爆發大規模示威抗議。卡本迪爾也加入抗議行列，被捕入獄兩個月。在獄中，卡本迪爾開始書寫第一部小說《願光榮歸於主！》(*¡Ecué-Yamba-O!*)，書名係取自古巴黑人宗教團體良尼哥共濟會化解苦難的祈禱語，書中充滿神祕宗教色彩與民俗禮儀特色，使原本被視為邪教的良尼哥共濟會遐登藝術境地。

由於被視為反政府分子，卡本迪爾於一九二八年流亡巴黎，在巴黎度過十一個寒暑。滯留花都期間，卡本迪爾與瓜地馬拉的阿斯圖里亞斯(Miguel Ángel Asturias，一八九九——一九七四年)、委內瑞拉的烏斯拉．皮耶德里(Arturo Uslar Pietr，一九〇六——二〇〇一年)成了莫逆之交。三人乘車戴笠，談詩論藝，共同為魔幻寫實文學催生。

一九三〇年，阿斯圖里亞斯出版《瓜地馬拉傳奇》(*Leyendas de Guatemala*)，拉開拉美新小說序幕，並賦予「魔幻」、「怪誕」、「神奇」等色彩。此時，卡本迪爾的《願光榮歸於主！》正於收尾階段，而烏斯拉甫完成《紅色刺槍》(*Las lanzas coloradas*)。三位好友不啻書寫自己土地的故事，而是以磅礡氣勢重建歷史，在歷史中找尋拉丁美洲的永恆價值，在歷史中探索拉丁美洲的真實內涵；從此，拉美新小說蔚為流行，如雨後春筍般陸續出版，驚豔國際文壇。然而，約莫二十年的光景，所謂的新小說並無名號。一九四八年，烏斯拉於《委內瑞拉的文學與人民》(*Letras y hombres de Venezuela*)一書中，率先借用「魔幻寫實」一詞，為拉美新小說命名，終於讓這類文學創作得以正名。卡本迪爾隨後於委內瑞拉《國家報》(*El Nacional*)中，以〈美洲的神奇事實〉(Lo real maravilloso americano)為題，禮讚拉美的人、事、物，恰巧呼應了烏氏的「魔幻寫實」看法。

「魔幻寫實」係德國評論家弗蘭茲．侯荷(Franz Roh)於一九二五年，首次用來詮釋十九世紀末、二十世紀初之後表現主義的繪畫風格。換言之，「魔幻寫實」借自歐洲，成為拉美共同的文學符碼；「神奇事實」

乃卡本迪爾個人的文學圖騰。兩者之間的疆界曖昧不清，區分不易，評論界多年筆戰亦無結論；但兩者有異曲同工之妙，皆書寫既奇幻又真實的拉丁美洲。卡本迪爾雖被歸於魔幻寫實作家之列，但他也是神奇事實的創造者，寫下拉美文學史重要扉頁。

什麼靈感讓卡本迪爾體驗出美洲的神奇事實？

一九三九年，卡本迪爾離開巴黎，重回古巴。為了認識美洲，也為了創作，卡本迪爾四處遊歷，探訪加勒比海諸島、墨西哥、委內瑞拉等國。美洲地形複雜多貌，時而風情萬種，儼如繽紛的萬花筒，時而危如累卵，彷彿致命的幽谷；面對大自然千變萬化，以及順應大自然而生的多元文化，卡本迪爾終於體驗出美洲之美。不論是中美洲謎樣的馬雅文明、抑或南美洲奇特的安地斯山區文化，無論是歐洲白人的殖民文化，抑或加勒比海地區詭異的黑人宗教信仰，均為美洲特色。族群衝突譜寫出精采歷史，偶然留下雪泥鴻爪，多元交融鍛鍊出繽紛文化，而這正是美洲的歷史，一部充滿神奇事實的編年史。神奇的事實是悲，也是喜；是驚悚，也是美麗。他在〈美洲的神奇事實〉如此寫道：

> 不論是尋找長生不老泉的探險家、醉心於馬諾亞黃金國的淘金客、最早反抗強權的百姓，抑或獨立戰爭的英雄，他們的每一個步履都在美洲歷史中被記上一筆，成為神奇事實。

儼然希臘的荷馬(Homer)，卡本迪爾以拉美歷史為主軸，寫出數部經典小說，吟唱美洲的史詩，因而被譽為美洲歷史的「敘述者」。

《塵世王國》(*El reino de este mundo*，一九四九年)描寫十八世紀中葉至十九世紀的海地歷史嬗變，由兩個黑人故事串聯，戲劇張力十足：黑奴馬貢達(François Mackandal)為了爭自由而起義，失敗被捕後，遭法國殖民當局燒死；曾為奴隸的克里斯多夫(Henri Christophe)在取得政權之後，竟忘記自由的可貴，而實施暴政，將枷鎖套在人民身上。

馬貢達傳奇早已被遺忘，經由魔幻寫實的鋪陳，馬貢達敲起巫毒教戰鼓，大無畏地反抗暴政；最後雖然被捕，但馬貢達被神格化，伏法情節彷彿封聖儀式，黑奴魂魄昇華為民族英雄：

> 馬貢達被綁在受刑的柱子上……火舌已流竄到斷臂人的身上，吞噬著他的雙腳。此時，馬貢達舞動著那綁不住的殘肢，並沒因受傷而減少震懾程度，反而更加嚇人，口中發出狼嗥且無人聽懂的咒語。軀體猛然往前一衝，綁著他的繩索鬆落了，黑人的身子騰空一躍，掠過眾人的頭頂，消失在那一片由奴隸所形成的黑浪中。廣場上喧天價響：
>
> 「馬貢達已被解救了！」

海地獨立後，克里斯多夫在北部稱王。他大興土木，興建金碧輝煌的忘憂宮(Sans Souci)，並仿傚歐洲制度，冊封黑人王公貴族，編織出一個封建王國。得知拿破崙軍隊有意捲土重來，克里斯多夫命令所有臣

1·創立「美洲神奇事實」的卡本迪爾。

2·卡本迪爾(後排左二)流亡巴黎時，與當時的知識分子合影。

3·卡本迪爾的音樂造詣很高，寫小說的同時亦將音樂符號注入其中。第一部小說《願光榮歸於主》(*¡Ecué-Yamba-O!*)，即充滿良尼哥共濟會的祭典禱語，極富音律。作曲家賈西亞·加杜拉依其小說版本，譜出交響曲《禮拜儀式》(*Yamba-O*)。圖為收藏於卡本迪爾基金會的《禮拜儀式》部分樂譜。

4·卡本迪爾與古巴音樂家賈西亞·加杜拉(Alejandro García Caturla)交情匪淺，圖為卡本迪爾於一九三一年八月十一日寫給加杜拉的書信。

民，不分男女老少，日以繼夜修葺城牆、挖掘壕溝、架設炮火，並耗費十三年光陰建造一座長兩百公尺、寬一百五十公尺、高八十七公尺的鐵壁城堡(Citadelle de La Ferrière)以供躲藏。拿破崙軍隊始終沒有重返，卻為了興建這座城堡，犧牲兩萬名工人。克里斯多夫荼毒黑人的手段比法國殖民當局更為殘暴；後來，克里斯多夫中風，再加上部下叛變，於是飲彈自盡。

克里斯多夫所留下的城堡及皇宮，被聯合國教科文組織列為人類文化遺產。在卡本迪爾筆下，克里斯多夫自詡為神，以為索居在他所建造的國度內即可高枕無憂，怎知塵世王國終究有土崩瓦解的一天。

《銷聲匿跡》(*Los pasos perdidos*，一九五三年)是一部時光之旅，敘述一個音樂研究者受美國某一民族學博物館之託，深入南美洲奧利諾科河(Orinoco)流域的原始叢林中尋找土著樂器。當主人翁溯河深入叢林時，彷彿穿越時光隧道，由現代回到古代，由文明世界回歸初民社會。在文明世界裡，主人翁宛如希臘神話中的薛西弗斯，晝夜不休推動著受天譴的大石頭；當他置身於初民社會時，終於放下所謂「文明」的巨石，體驗自然山川的美妙，承認絲竹之音不如天籟動人。拋開文明的束縛，小說主人翁又似希臘神話中被解放的普羅米修斯，不再承受巨鏈捆綁、禿鷹啄食肝腸之苦：

> 我即將擺脫薛西弗斯式的命運，那是我昔日世界所制定的命運；我也即將拋開乏味的職業，那宛如松鼠被關在籠子內不斷打轉的職業。我不再計算時間，不再做無意義的事。對我而言，星期一將不再是憂鬱的日子，甚至不必記住星期一是星期一；至於我所肩負的巨石，誰願意就由誰來扛。

在初民社會裡，主人翁學習到印第安人敬天惜地的智慧，打算就此銷聲匿跡，隱居叢林。然而，主人翁在美國的妻子發動救援行動，將他帶回文明世界。雖然他有意重返初民社會，卻因找不到作有記號的入口而作罷。對此，卡本迪爾以希臘哲學家希拉克利特(Heraclitus)的「萬物流轉」理論來詮釋，認為人可以浮行於同一條河流裡，卻無法二度沉浸在相同的水中，因為無論是河水還是人，皆已變易。這樣的故事與陶淵明的〈桃花源記〉頗為相似。

《啟蒙世紀》(*El siglo de las luces*，一九六二年)看似敘述發生在哈瓦那一幢宅第內的愛情故事，卻是記錄美洲的啟蒙歷程。法國大革命所訴求的自由、平等思想飄洋過海至加勒比海，三名古巴年輕人受到鼓舞，勇於反抗君權、追求解放。小說地點坐落在古巴、加勒比海島嶼、法國及西班牙，情節穿插著加勒比海地區的解放運動，以及拿破崙入侵西班牙的史實；內容包羅萬象，歷史、地理、政治、哲學、音樂、建築等，無所不包。整部作品呈現人與歷史的對話：歷史提供人類檢討過去、面對現在、瞻望未來之功能，偏偏在歷史洪流中，人類經常重蹈覆轍。此書留給讀者相當多的思考空間。

值得一提的是，《啟蒙世紀》中位於哈瓦那的大宅子，乃殖民時代建築，取材自伯迪奇達酒吧旁的一幢宅第。該屋建於一八〇九年，為雷吾尼昂女伯爵(Condesa de la Reunión)的產業。當卡本迪爾到伯迪奇達酒吧品嘗美食醇酒時，也欣賞這幢宅第的建築美學，因之，他將殖民時代建築特色寫入小說，向讀者介紹古巴建築風格：「那幢熟悉的房子永遠立在拐角處，高大鐵欄杆漆成白色，成為這幢房子的特有飾物。」如今，這

卡本迪爾基金會位於伯迪奇達酒吧旁，這幢美麗的殖民地建築，其前身為雷吾尼昂女伯爵的宅院。基金會招牌上有卡本爾迪的簽名，入口前廳有一幅卡氏的大照片，再走進天井，即可感受到小說《啟蒙世紀》裡所描寫的哈瓦那建築風格。

幢房宇已改為卡本迪爾基金會，收藏卡氏的手稿、書信、小說、照片、打字機，以及所獲得的文學獎章。

找尋前人足跡，發掘塵封史事，一部部美洲歷史在卡本迪爾的妙筆生花下復活：《追逐》(*El acoso*，一九五六年)描述生於政治紛擾年代，知識青年渴望政治改革；《方法之源》(*El recurso del método*，一九七四年)以拉美各國的獨裁者為藍圖，勾勒出獨裁者的原型；《巴洛克協奏曲》(*Concierto barroco*，一九七四年)的創作靈感來自韋瓦第(Antonio Vivaldi)的歌劇，以音樂展演阿茲特克國王蒙帝蘇瑪(Moctezuma)的歷史，同時描述柯爾提斯(Hernán Cortés)征服墨西哥的過程；《春之祭》(*La consagración de la primavera*，一九七八年)乃借史特拉汶斯基(Stravinsky)的芭蕾舞劇為題，吟詠拉美近代歷史，以動盪時代為楔子，以古巴大革命及「豬灣事件」為尾聲；《豎琴與影子》(*El arpa y la sombra*，一九七八年)則回顧哥倫布的生平，評論哥氏功過。

透過卡本迪爾的「神奇」筆鋒，讀者可覓得歷史軌跡。質言之，歷史是魔幻寫實小說的創作主題，只是在魔幻手法的經營下，歷史宛如「變奏曲」，被小說化了。至於魔幻手法，各家不一，而這也是拉美魔幻寫實精采之處。

若說歷史是小說的「骨架」，卡本迪爾以印第安人及黑人之傳統語言賦予「肉體」，描繪出美洲時代背景。此外，卡本迪爾善用交響樂或奏鳴曲結構來布局小說的時間速度，講究華麗文采，刻意抑揚頓挫；因此，在行雲流水間，音樂成了小說的「靈」。最後，卡本迪爾以建築元素為「魂」，讓冰冷的石頭釋出歷史訊息，使小說作品更有「生氣」。

卡本迪爾亦書寫了一系列美洲地方見聞的散文作品，縷述美洲綺麗山水、自然生態、人文藝術，讓讀者深入了解美洲的歷史全貌。音樂符碼和建築元素不只是筆耕墨耘的技巧，卡本迪爾更以民俗專家身分，著手研究古巴音樂和古巴建築，發表許多相關文章；其中，《古巴音樂》(*La música en Cuba*，一九四六年)和《柱廊之都》(*La ciudad de las columnas*，一九七〇年)成為研究古巴藝術的珍貴文獻。

一九五九年，當古巴中產階級及知識分子掀起逃亡潮，卡本迪爾反而結束遊子生涯，回到古巴，隨著古巴大革命，開啟另一段人生里程。他擔任國家文化委員會(Consejo Nacional de Cultura)副主委，在哈瓦那大學講授文史課程，也任職古巴國立編譯社(Editorial Nacional de Cuba)執行社長，負責編譯世界文學叢書。這些工作有助於提升古巴人民的文化教育，是知識分子對國家社稷應盡的義務。

禮讚出生土地、悅納異己、正視悲歡歷史、服務社會，卡本迪爾是走出象牙塔的文人。

音樂與美食二重奏

音樂是時間藝術，是聽覺享受。廚藝雖然不在傳統「八大藝術」之內，但隨時代進步，觀念更易，以及創作多元，飲食不只滿足口腹之慾，也是藝術，係由視覺、味覺、嗅覺交織而成的饗宴。在「八大藝術」裡，音樂可與舞蹈、文學、戲劇、電影共同傳遞思想情緒，亦可與建築、繪畫、雕刻進行深度對話；同樣，一旦音樂與美食交錯纏綿，必定滿足身體感官，撫慰久結憂悒，喚醒沉睡靈魂，撩撥曖昧情愫。

民以食為天，古今外中不乏文豪以妙筆添增飲食之樂，記錄餚饌作法，描繪食物色彩，馳騁瀰漫香氣，形容味蕾感受，勾勒心靈體會。以電影表現美食也頗為多見。相形之下，以音樂譜寫美食的作品顯然不多；然而，音符所挑起的色香味浪濤，威力絕不亞於文字縷述或視覺享受。在古巴音樂中，美饌或為要角、或為配角，兩者間的關係忽近忽遠，時而彼此競爭彷彿對手，時而如膠似漆儼然一對戀人，關係饒富趣味，也極盡曖昧。

「融合」是古巴文化的特質。階級嫌隙與種族仇恨在衝突中漸漸消融，最後鍛鍊成新文化，大至人種、宗教，小到雪茄、蘭姆酒，均幾經融合而源源衍生新類型，膳食、音樂更是融合的結晶。暫時拋開古典音樂，也不論奢華的貴族饗宴，從庶民文化啟程，即可進行一段音樂與美食的感官之旅，體驗甘苦並進的融合歷程。

苦澀的世界裡有動人的音符，古巴素有「音樂之島」的美譽。古巴民族音樂乃族群融合的共同創作，吟唱歷史，歌詠文化，舞動國魂。任何曲種皆可歌可舞，如此特質不僅散發無窮魅力，強烈節奏和豐富旋律亦席捲全球，形成流行旋風。重要的曲種有：哈瓦那舞曲(habanera)、波麗露(bolero)、特洛瓦(trova)、奔多(punto)、瓜希拉(guajira)、瓜拉恰(guaracha)、曼波(mambo)、倫巴(rumba)、康加(conga)、恰恰恰(chachachá)、丹頌(danzón)、頌樂(son)、莎爾莎(salsa)7。

哈瓦那舞曲融合了華爾滋(waltz)、波爾卡(polka)等曲風，節奏徐緩，大量運用附點音符，散發出搖曳的律動，吸引比才前來取經，聖桑(Saint Säens)及拉威爾(Maurice Ravel)也隨後跟進，投入哈瓦那舞曲之創作行列。波麗露雖於一八八三年由西班牙傳入，但受到黑人音樂和特洛瓦之濡染，褪下了西班牙色彩，遞嬗成古巴特有的情歌曲種，與西班牙的波麗露截然不同。若說波麗露是情歌，那特洛瓦就是情詩，抒情釋懷，談情說愛。丹頌詮釋了加勒比海的慵懶，勾勒出椰林搖曳的情境，不禁教人隨著旋律婆娑起舞。相對於丹頌的慵懶，恰恰恰的節奏既強烈又快速，是舞榭歌台另一個寵兒。奔多、瓜希拉、瓜拉恰結合了西班牙和非洲風格，成為融合文化的最佳代表。倫巴是古巴最魅惑的曲種，源於黑奴渴求掙脫手銬腳鐐的吶喊，康加則是最熱鬧的曲種，源於黑奴之宗教儀式；兩者曾是黑奴自娛的音樂，如今一個躋身國際標準舞，另一個成為嘉年華會的壓軸好戲。受到美國爵士樂及其他曲種的影響，曼波譜出薩克斯風與打擊樂交融的迷媚旋律，宛如春天嬌柔的花朵。

頌樂堪稱古巴的「民歌」、「國樂」，被視為最能舞動心靈、最足以代表古巴文化的曲種。除了音律外，歌詞成為頌樂虜獲人心、席捲各地的關鍵之一。歌詞主題包羅萬象，輕鬆戲謔無傷大雅，風花雪月又何

6．「Salsa」即醬汁之意，其西班牙文讀音為「莎爾莎」，台灣音樂界譯為「騷莎」。

妨；遣詞用字十分淺白，但生動無比，內容極富想像空間，容易引起共鳴，即便聽眾對歌詞不熟悉，只要聽過一遍，即可隨樂團哼唱副歌，因此，這也是頌樂迷人之處。

此外，頌樂反映古巴社會階層的各形各色，每一首頌樂的背後皆有一個故事藍本，詞曲搭配無間，除了詮釋主題情境外，尚營造環境氣氛。古巴樂人畢聶羅(Ignacio Piñeiro)到美國巡迴演唱時，所嘗的食物味同嚼蠟，因而懷念家鄉的醬汁，並以醬汁軼事為藍本，於一九二九年完成〈香腸上加點醬汁〉(Échale salsita)，一九三三年錄製發行。據傳，距哈瓦那五十公里的卡達利那(Catalina de Güines)小鎮，一名綽號「剛果」(Congo)的黑人，在路邊擺了一個香腸小吃攤。黑人調配了獨家醬汁，每當香腸烤好後，便拉高嗓音，喊著：「香腸上加點醬汁吧！」香腸攤遠近馳名，數年後，黑人的兒子繼承父業，並將小吃攤擴張成露天餐廳。在畢聶羅的頌樂中，當主調唱出「醬汁」，合聲便呼應著「香腸上加點醬汁」，相當逗趣討喜，增添歡欣氛圍：

夜晚冒險出門去　Salí de casa una noche aventurera
找尋娛樂和歡悅　Buscando ambiente de placer y de alegría
神啊！我心滿意足　Ay mi Dios, cuanto gocé
疲憊中過了一晚　En un sopor, la noche pasé
漫步於萬家燈火　Paseaba alegre por los lares luminosos
我盡情縱酒作樂　Y llegué al bacanal

卡達利那的奇景	En Catalina me encontré lo no pensado
聲音回盪著：**醬汁**	La voz de aquel que pregonaba así: **Salsa**
卡達利那的奇景	En Catalina me encontré lo no pensado
聲音回盪著：**醬汁**	La voz de aquel que pregonaba así: **Salsa**
香腸上加點醬汁	**Échale salsita, Échale salsita**
啊，啊，啊，啊	Ah, ah, ah, ah...
在深沉的歌誦中	En este cantar profundo
只聞旁人的讚美	Lo que dice mi segundo
在他處無可覓得	No hay butifarra en el mundo
黑人所做的香腸	Como la que hace el congo
香腸上加點醬汁	**Échale salsita, Échale salsita**
啊，啊，啊，啊	Ah, ah, ah, ah...
黑人喜悅滿眉宇	Congo miró embullecido
香氣四溢的香腸	Su butifarra olorosa
最美味且最可口	Son las más ricas, sabrosas

我在古巴品嘗到　Las que en mi Cuba he comido
香腸上加點醬汁　Échale salsita, Échale salsita
啊，啊，啊，啊　Ah, ah, ah, ah...

香腸淋上醬汁，立即添加美味、增進口感，成為一道佳餚；生活加點醬料，即可脫離一成不變的枯燥。流亡美國的古巴作曲家從「醬汁」(salsa)這句歌詞得到靈感，於是將頌樂易名為「莎爾莎」；搖身一變，頌樂以莎爾莎之名重新粉墨登場，於一九六〇年代在紐約蔚成流行，再反攻回古巴，並在拉丁樂風中獨領風騷。莎爾莎音樂正如醬汁一般，儼如生活必需品，少了她，飲食無味，生活無趣；一語雙關，直教人稱奇叫絕。

在歌詞中譜上食物，似乎成為古巴樂曲的傳統，凸顯古巴人民的隨興，以及繽紛活潑的庶民文化。歌詞中的玉米、番茄、檸檬、香草、香腸、培根、小羊排、烤乳豬，深具象徵意義，絕非單純的食物。在曼妙旋律的催化下，飄渺的菜色霎時栩栩如生，挑逗了嗅覺與味蕾，香氣與滋味隨著音符凝固為永恆，令人莫不為之神往。

剛拜．塞根都(Compay Segungo)以渾厚嗓音唱出〈關達納美拉〉，唱出馬帝當時的鄉愁。若家鄉的棕櫚樹是鄉愁，那食物就是記憶了！在〈黑人女孩托瑪莎〉(La negra Tomasa)中，剛拜．塞根都歌詠心愛的黑人女孩，感謝女孩為他作羹湯、煮咖啡；合聲則唱著美饌，一會兒是哈瓦那的醃肉，一下子又是東方省的劣等菸草(mabinga)。美食登場後，合聲聚焦於廚子烤肉情境，廚子搖頭搗蒜的律動彷彿黑人女孩婀娜的舞姿。嗅覺與味覺是永遠的記憶，因此，食物不僅與鄉愁產生聯想、與感恩緊密相連，與愛情更是難分難捨，至於個中滋味就得細細品嘗。

伊布拉印・飛列(Ibrahím Ferrer)在〈四海好兄弟〉(Buenos hermanos)裡，歌唱庶民心聲：兄弟吃了肉排，雖然只留給我豬尾、豬骨、豬腳、豬油、豬肚、豬腸，但還留下了一架鋼琴。言外之意，就算肉排鮮美柔軟，但與其他部位相較之下，則單調許多，滋味亦略遜一籌。換言之，只要心念一轉，雜碎也成美饌，再加上鋼琴助興，人生何求？顯然，音樂與美食缺一不可。

貝尼・莫瑞(Beny Moré)的〈乳鴿湯〉(Sopa de pichón)，唱出生命乃一曲倫巴，也是一首丹頌，又如一道美味的乳鴿湯，用心體會，即可嘗到前、中、後漸層濃郁不一的味道。無獨有偶，旅居美國的希莉亞・庫茲(Celia Cruz)在〈生命即是嘉年華〉(La vida es una carnaval)中，以沙啞嗓音唱出震撼人心的「蔗糖」(azúcar)，形容生命宛如一場精采絕倫的嘉年華，充滿甜蜜。

為何古巴膳食值得吟哦？苦澀的世界裡總有美味的珍饈。

古巴主食為稻米和豆類，兩者皆富有碳水化合物、蛋白質和脂肪，提供普羅大眾必要的營養。古巴食用的米，長而不黏；美洲原生種的豆科植物種類繁多、種子較大，顏色有白色、紅色、棕色、混色及黑色，各有不同。以白米和豆類為基本食材的菜餚，除了可組合成「白飯拌黑豆」(arroz con frijoles)及「摩爾人與基督徒」(moros y cristianos)之外，尚可做出「共閣利」(congrí)。「共閣利」為海地黑人的語言，即黑豆肉飯之意，又稱「義勇軍與消防隊」(voluntarios y bomberos)。義勇軍係指白人，即白米；黑人則為黑豆，象徵戴紅色領巾、穿著袖口鑲紅邊制服的消防隊員。

無論是「白飯拌黑豆」、「摩爾人與基督徒」或「共閣利」，其比例約為一杯豆比三杯米。作法大同小異，只是材料略有不同。首先，將黑豆或大紅豆加水煮軟，接著加入三至四杯水，拌入洋蔥末、蒜末、辣椒粉、牛至粉、月桂葉等香料，以及預先炒過的肉丁(或培根末、火腿塊、香腸片)，再放入洗淨的白米，以文火熬煮，待收汁後熄火；最後，用木製大叉子將食物拌勻，即可上桌。以豆湯煮出來的白飯粒粒分明，在豆類和其他食材的摻合下呈現柔和色彩，令人食指大動。

白米、黑豆乃便宜食材，也是最平庸的食物，卻是最美麗的邂逅，譜出黑白對位旋律。白人、黑人，異教徒、基督徒，義勇軍、消防隊，在地人、新移民，經過融合之後，成為最動人的和弦，不僅分不清主客地位，也缺一不可。白米與黑豆是庶民餐桌上不可或缺的美味，即使在精緻饗宴上暫居配菜地位，卻有畫龍點睛的效果，或為一道燻烤雞腿增添色彩，或為一道乾煎肉排添加滋味。

另一道絕佳的融合菜餚非「辣肉燉」(ajiaco)莫屬。這個字本身就是複合字，由原住民語「ají」(辣椒)，與西班牙語後綴詞「aco」(該地的)組合而成。「辣肉燉」並無固定烹調方式，可依各人喜愛，在大鍋中放入數塊豬肉，將各種切丁蔬果及配料一併放入鍋中；亦可依各人口味加入不同調味料，再以文火燉煮而成。這種以融合見長的烹調法無固定口味，味道由食材和佐料決定，湯汁濃淡則取決於從鍋底撈或是從上面舀。質言之，「辣肉燉」象徵民族熔爐，以多種食材熬煮出獨特的風味，正如多元人種為古巴社會添增興味。

「辣肉燉」具有草莽特性，適合在鄉野大快朵頤，因而有「國民菜」之稱；民族音樂發源於民間，只要第一個音符響起，奔放的魔力立刻令人忘記矜持，陶醉於旋律中。平凡的食材賦予「辣肉燉」香氣萬千，滋味無窮；彈丸小島的音樂也可興起巨浪，力量無遠弗屆，不容小覷。

一九五九年卡斯楚掌權後，除了政治被封鎖、貿易遭禁運外，古巴出品的音樂也一併遭美國封殺，而暫時在我們所謂的「自由世界」裡缺席。對故土魂縈夢牽，流亡美國的古巴樂人開創美式拉丁音樂市場，與古巴出品的音樂一較高下。例如希莉亞·庫茲移居美國後，致力推廣莎爾莎，而贏得「莎爾莎女王」的封號。

古巴音樂果真從國際樂壇匿跡銷聲？其實不然，落實民族文化係卡斯楚的社會改革政策之一，因此，卡斯楚政府設立藝術學校，培訓更多的專業人士。一九六〇年代獨領風騷的樂人，也以樂聲展現古巴民族意識，為古巴民族音樂盡力，而這股音樂魅力對環加勒比海地區影響深鉅，甚至遠颺至東方世界。然而，長江後浪推前浪，老樂人隨著現實環境，在歲月流逝中從風光轉入蒼涼。

一九九六年，就在老樂人日薄崦嵫之際，美籍音樂製作人萊庫德(Ry Cooder)找回剛拜·塞根都、歐瑪拉·波爾杜翁多、伊布拉印·飛列、埃加亞德斯·歐丘亞(Eliades Ochoa)、魯本·貢札雷茲(Rubén González)等人，為英國唱片公司「World Circuit」錄製了《記憶哈瓦那》(*Bunea Vista Social Club*)；隔年，德國導演文·溫德斯(Win Wenders)，拍攝了《樂士浮生錄》(*Bunea Vista Social Club*)紀錄片，古巴音樂因而再度掀起一陣狂飆，這些國寶級樂人重新燃起音樂之火，照亮了全世界。在欲罷不能之下，《樂士浮生錄》第二集也問世，雖然焦點放在音樂新秀身上，但正如其名，這群新秀不辱前輩盛名──「名揚四海」(Música cubana)。

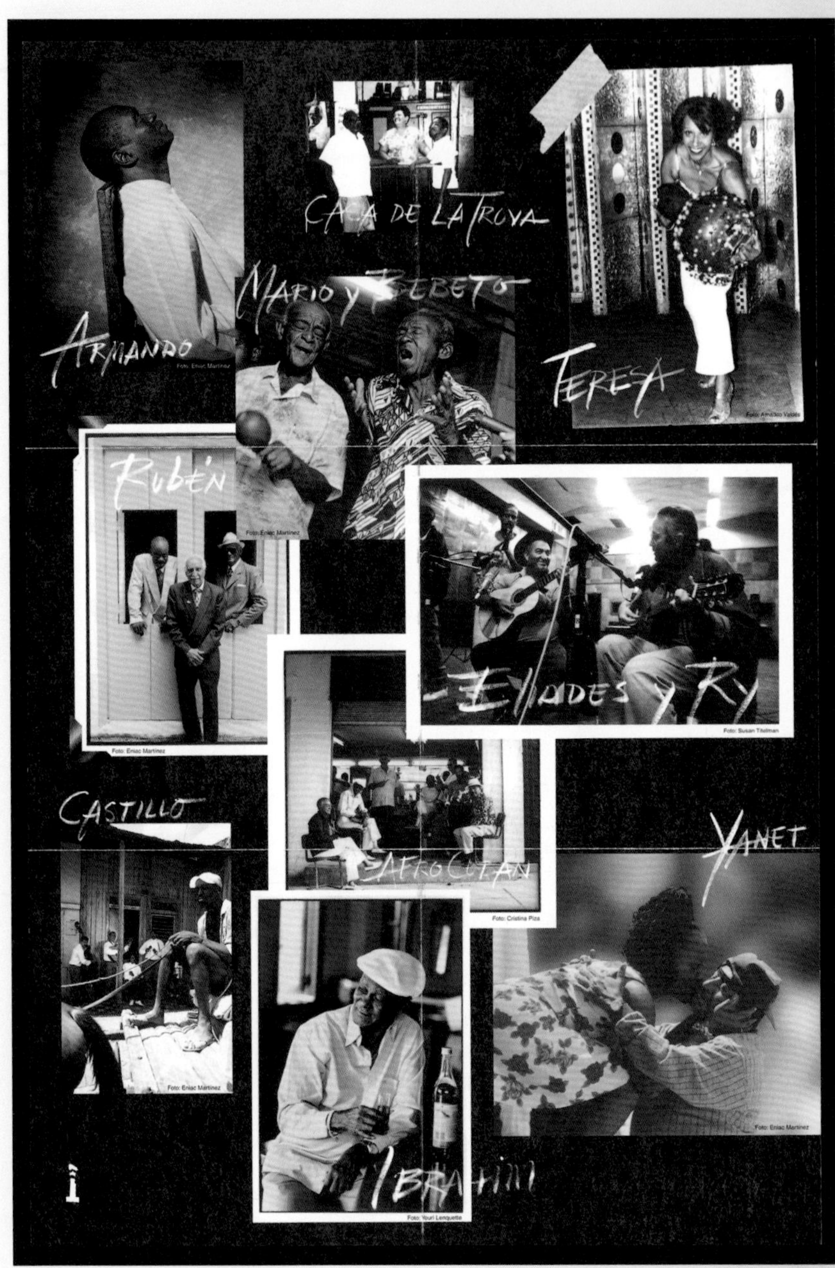
ARMANDO
Foto: Eniac Martínez
MARIO Y BEBETO
Foto: Eniac Martínez
TERESA
RUBÉN
Foto: Eniac Martínez
Foto: Susan Titelman
CASTILLO
Foto: Eniac Martínez
Foto: Cristina Piza
YANET
Foto: Eniac Martínez
IBRAHIM
Foto: Youri Lenquette

2

1・不論沙鈴、抑或吉他，不論歌謠、抑或頌樂，古巴音樂包容異同文化，是古巴人共同的語言，在律動中舞出國家歷史，吟唱民族情懷，喚醒文化認同。

2・一九三二年，在哈瓦那一個名為「好景」(Buena Vista)的社區成立了一家黑人社交俱樂部，因而取名「好景俱樂部」(Club Social Buena Vista)。古巴大革命之前，舞榭歌台興盛，是徹夜笙歌的好地方。萊庫德與文・溫德斯借用「好景俱樂部」之名，以音樂和影像，記錄了動人的生命故事，引領大眾回顧古巴音樂史。老樂手雖已邁入生命尾聲，仍以純淨之聲點燃青春火花，將古巴音樂風華傳遞全球。剛拜・塞根都(右排上至下)、魯本・貢札雷茲、埃加亞德斯・歐丘亞、伊布拉印・飛列(左排上至下)、歐瑪拉・波爾杜翁多被譽為五名傳奇樂手。

1・西班牙殖民時期的廚房，牆面和爐灶都貼滿了磁磚。磁磚乃西班牙傳統手工藝術之一，這項藝術亦流傳於西班牙的美洲殖民地。

2・黑豆(右起)、紅豆、芭蕉、芋頭、番薯雖是最普通的食材，卻是烹調出古巴美食(左頁)的大功臣。

3・番茄辣味龍蝦。4・舊衣裳。5・古巴蛋飯。6・鱈魚排。7・海鮮湯。8・辣肉燉。

9・經典龍蝦。10・炸香蕉。11・雞絲沙拉。12・黑豆湯，其原名為沉睡的黑豆。13・共閣利。

14・雞肉生菜沙拉。15・海明威海鮮總匯。16・燒烤拼盤。17・洋蔥醬汁豬排。

洪堡在《古巴島政治論考》提及醃肉味，卡本迪爾也在《啟蒙世紀》裡談到那久久不散的醃肉味，獨特的味道很難教人忽略。我在品嘗黑豆、或舊衣裳、或辣肉燉時，味蕾挑剔到以月桂葉為主調的香料味，味道雖千篇一律，卻讓人嘗到傳統熟悉的好滋味。。

5
4
3
8
7
6
11
10
9
14
13
12
17
16
15

剛拜．塞根都於二〇〇三年羽化成仙，伊布拉印．飛列也於兩年後駕鶴西歸，老樂人雖逝，但餘音繞梁，就如美食記憶久久不散。古巴之子不斷加添新元素、新技巧，這鍋「音樂辣肉燉」愈來愈精采。

古巴音樂美味亦在台灣飄香，在粉絲的引頸企盼下，幾位在《樂士浮生錄》擔綱演出的樂手曾經訪台，例如歐瑪拉．波爾杜翁多曾於二〇〇五年來台演唱。鼓聲震開心扉，吉他撩撥心弦，管樂吹起波瀾，歐瑪拉的波麗露情歌教人如癡如醉。古巴音樂魅力在台北發酵，撼動了國父紀念館的表演廳，觀眾再也無法正襟危坐，紛紛起立、手舞足蹈，和著歐瑪拉唱出生活滋味：「古巴人，我就是古巴人。」二〇〇九年，樂團「哈瓦那沙龍」(The Havana Lounge)也同樣在台造成轟動，那用生命傳唱的熱情，將古巴人的特色形容得淋漓盡致。

古巴人

歐瑪拉歌詞中的「古巴人，我就是古巴人」到底蘊藏多少民族驕傲？

在台灣，曾受教於古巴籍師長，彼時還只是大學生；在墨西哥留學時，同窗中亦不乏古巴人。不過，未去古巴之前，只覺得古巴人說話太快、習慣吃字，與其他拉丁美洲人差異不大。一九九七至二〇〇九年間，進出古巴六次，近距離接觸了古巴人，漸漸在腦中勾勒出輪廓清晰的古巴人。

一九九七年，首次踏上古巴土地，既新鮮且好奇。為了體驗古巴生活，我選擇了民宿，寄住在一幢建於十九世紀的宅第內。在卡斯楚「住者有其屋」的政策下，這幢樓房被隔成數個單位，每一單位大小不一，客廳、廚房、臥室、浴室樣樣具備，可依不同家口配給。我所寄住的小單位，係配給民宿主人的一位親戚，親戚因工作之故而下鄉去，短期內不會搬回，於是向政府申請改作民宿之用，以賺取外匯——當然，得向政府繳交營業稅。端詳這幢宅第，表面略嫌破敗，大理石樓板黯淡無光，核桃木門扇斑斑駁駁，然而，上好的建材透露出古巴過去的繁華歲月。

在墨西哥的古巴友人委託我攜帶文具用品給親人，都是一些便宜的原子筆、鉛筆、橡皮擦、筆記本，但對物資匱乏的古巴人而言，可是大禮；當他們從我手中接過這些東西時，欣喜之情表露無遺，除了感激帶禮的人之外，也似乎特別感念海外的親友。第一次與島內古巴人的接觸經驗算是愉快，不論是海關人員、來接機的友人、民宿主人，抑或街坊鄰居，均讓我有賓至如歸的感覺。

在街上逛了一上午，午後的陽光熾熱、海風輕拂，陣陣睡意襲人，因而返回民宿小憩片刻，心想傍晚再出門。半夢半醒之間，聽見鼓聲鼕鼕，節奏交錯疊置，疏密有致。鼓樂喧天，終於把我喚醒，鼓聲來自對街，從陽台望去，對面人家正在舉行聖得利亞儀式，在女祭司的領導下，一群人隨著鼓聲迎風蹁躚，膜拜神明。受到感染，我也跟著翩翩起舞。突然，女祭司發現對面陽台的我，不以為意，對我微笑，並舉起法器朝我揮舞，彷彿邀我加入祭典盛事，這般行為令我想起紀廉的詩：「我們自遠方相聚於斯，年輕或年長，黑人或白人，已融合不分。」

賓至如歸的感覺與紀廉的詩在伯迪奇達酒吧前受到考驗！還來不及品嘗莫希多，就在酒吧外與一名黑人吵架。先是因為他對我說「奇妮達好漂亮」，再來又一直向我兜售私製雪茄，甚至動手拉了我的袖子，於是口角愈演愈烈，圍觀的人也愈來愈多。畢竟踩在別人的土地上，同行的台灣友人深怕發生意外，連忙暗示我克制一下；我的口氣漸漸和悅之際，黑人也隨之客氣許多，就這樣與那名黑人握手言和。離去前，他還祝我在古巴旅遊愉快。

口角導火線不是黑人向我兜售私製雪茄，也不是他拉了我的袖子，倒是「奇妮達」這個字眼。為何我對這個字的反應如此劇烈？

「奇妮達」係由西班牙文的「China」(中國)所演變而成。西文「chino」、「china」分別指「華人男性」及「華人女性」，音為「奇諾」、「奇娜」。西文名詞有縮小後綴詞之用法，變成「chinito」(奇尼多)、「chinita」(奇妮達)，此乃暱稱用法，蘊涵可愛之意，但也有蔑視之意，直譯即成「小中國男人」或「小中國女人」。在西班牙殖民時期，這個詞其實無關中國，係受南美洲印加語言給丘亞(quechua)之影響，「奇諾」、「奇娜」原指農夫、農婦，泛稱美洲原住民、混血兒、黃種人、黑人等白人以外的有色人種，當然包括華人。十九世紀，中國苦力輸入美洲之後，「奇諾」、「奇娜」不僅指「華工」，也成了低下階層的代名詞，更衍生出許多正負兩極的詞彙。在古巴，也可喚親密女性友人為「奇妮達」。

一如其他拉丁美洲人，古巴人也喜歡耍嘴皮，用言語吃吃豆腐，並不是什麼登徒子。彼時古巴政府規定，古巴人不可任意進入觀光飯店、餐廳，當下只要踏進伯迪奇達，即可擺脫黑人為了兜售商品而不斷糾纏，也可收斂因「奇妮達」一字所挑起的慍容，避免不必要的口角。然而，一場口角讓我更了解古巴人的傲骨：我趾高氣揚，古巴人也不甘示弱；我和顏悅色，古巴人就謙虛有禮。

在防波堤大道觀賞巨浪時，一名身穿校服的小女孩朝我走來，對我微笑後便坐下來。半晌，小女孩問我現在幾點，我笑答：「妳不有表嗎？」身邊友人用中文點醒我，她只是想找話題聊天。突然，我發覺自己的防衛心太重了，或許在拉丁美洲國家待久了，總是擔心遇上騙子。為了彌補自己的不近人情，我主動與小女孩交談；起先我們以西班牙文交談，後來小女孩問我可否和她練習英文。受到美國封鎖的古巴人，想盡辦法與外界接軌，哪怕只是一句簡單的「What time is it ?」都好。經過觀察與統計，「What time is it ?」乃搭訕時最常使用的開場白。

錯過了巴達佳斯雪茄工廠的參觀時間，卻闖入瓦倫西亞飯店(Hostal Valencia)的捲菸攤。瓦倫西亞飯店位於舊區，是一家西班牙式飯店，飯店餐廳的招牌菜即「巴耶亞」(Paella，西班牙海鮮飯)。來哈瓦那應該大啖共闍利，而非巴耶亞，因此旅遊計畫內並未含括瓦倫西亞飯店。路過時，不經意一瞥，大廳內一名捲菸師聚精會神製作雪茄，於是，我走向他。見他眼戴老花眼鏡、嘴叼粗雪茄，雙手忙著將一張張菸葉鋪整、包捲、剪裁、糊上植物膠、壓模固定，步驟繁瑣；與其說是製作過程，不如說是神聖儀式，馬虎不得。他細心向我解說雪茄製過程，示範如何抽雪茄，在氤氳中，我破了戒，抽了生平第一口雪茄，華格納的歌劇《諸神的黃昏》(*Twilight of The Gods*)在腦中徘徊，彷彿見到眾神因滋生人世的貪婪與慾念，而導致崇高神性崩潰。啊！菸草是成癮藥物，雪茄是古典與浪漫時期音樂巨匠的靈感，巴哈、貝多芬、李斯特、華格納均無法抗拒熏香瀰漫的樂趣，更何況凡夫俗子！

在古巴友人的安排下，費南度(Fernando)一早開著他的老爺車，載我們前往科希瑪漁村。由於事前沒做功課，一到目的地只能望著海明威廣場發愁，不知從何找尋「老人與海」，而費南度是哈瓦那人，也愛莫能助。正巧，一位先生走過來，問我們是否需要幫忙；當他知道我們的來意後，隨即表示他是歷史學教授，名叫菲利普(Felipe)，可以為我們導覽漁村。

在菲利普的熱心導覽下，不僅眼底盡收漁村風光，也領略歷史人文。一進入拉蒂拉薩餐廳，海明威的陽剛氣味立即撲鼻而來，餐廳內滿掛和《老人與海》有關的照片、飾物。餐廳後方是一個露台，緊鄰岸邊，因而取名「露台」(拉蒂拉薩)餐廳。遠眺海景，不見任何船隻，我想起了海明威的老人！現在是白晝，老人還在遠處拖著馬林魚；即便每航行一步就離岸邊愈近，老人回港時已是夜幕沉沉：「他駛進小海港的時候，露台酒店的燈火已經熄滅了，他知道每個人已睡在床上。」

跨過露台，沿著岸邊，我來到一戶漁家。這家人的男丁不是捕魚，就是跑船，靠海為生的風霜全刻在臉上，但樂觀開朗、談笑風生，有海的胸襟。閒談之間，老人年輕時的模樣彷彿重現，個性堅韌，有海的特質。全賴菲利普，讓我有幸拜訪真正的老人，目睹聖迪亞哥的本尊，見到佛恩提斯的廬山真面目。展現科希瑪漁夫的本色，佛恩提斯十分好客，當時他已是百歲人瑞，雙眼卻炯炯有神，講話也鏗鏘有力，時而與我閒話家常，時而憶起他與海明威的友情。

訪問過佛恩提斯後，我們便與菲利普道別。費南度驅車帶我們到附近的東方海灘(Playas del Este)，體驗椰林隨風搖曳的加勒比海風情，並在海灘露天餐廳用餐，直到太陽西斜才返回哈瓦那。整趟行程共計六小時，費用為二十美金，包含司機及油料費。

費南度一將車子停好，海灘的守衛便走過來，客氣地說：「依國家規定，在此停車必須繳停車費『可兌換古巴披索五元』。」他那句「依國家規定」引起我的好奇。「國家」在古巴人心中乃神聖無比，「國家規定」就是聖旨，是另一句古巴人掛在嘴上的詞。在海灘露天餐廳，我與友人點了一道八元的烤魚，以及十元的龍蝦；我十分誠摯的邀請費南度一起用餐，他卻婉拒。為了避免尷尬，費南度走向停車場，倚著車，從襯衫口袋拿出香菸，獨自吞雲吐霧。為了賺二十美金，費南度甘願勒緊褲帶，同時也表現出古巴人的傲骨，不貪婪。那一餐我吃得非常罪惡：兩個台灣人大啖美食，一個古巴人卻猛抽菸。同樣的情形若發生在墨西哥，司機一定先是客氣推辭一番，隨後即欣然接受邀請，一起進餐。

根據旅遊指南，我們兩人到國家大飯店的亞奇亞餐廳(Comedor Aguiar)享用晚餐。這是哈瓦那的昂貴餐廳之一，餐廳內有古典鋼琴現場演奏。彈鋼琴的女孩十分年輕，身材高䠷，面容姣好，皮膚雪白，穿著一襲黑色晚禮服，烏黑秀髮飄逸。中場休息時，女孩走下演奏台，親切向客人問候，並推銷她個人的演奏專輯。出門前，沒注意到皮夾內僅放了一張花旗銀行信用卡及一堆小額美鈔，台灣及其他歐洲銀行的信用卡則置於民宿裡；買單時才驚覺疏忽，在古巴無法使用任何美國銀行發行的信用卡。將美鈔一元、五元、十元……湊一湊，一大疊，與帳單一同交給服務生，挺不好意思的！好在扣除這頓昂貴佳餚外，還夠付百分之十的小費，以及搭三輪車回民宿的車資；但湊不齊錢向女孩購買專輯，只好放了兩塊美金在鋼琴上的小杯子裡。女孩繼續彈琴，柳眉挑動了一下，微笑答謝，身段優雅。

用過亞奇亞餐廳的珍饈後，本想欣賞「熱帶風情夜總會」(La Tropicana)歌舞秀，但鬧了信用卡的烏龍，身上的錢已用光，必須返回民宿拿取現金及其他信用卡。來來回回，時間沒拿捏好，早了一個多小時到秀場。看看表，國家大飯店的歌舞秀再過十五分鐘就開演，當下決定返回國家大飯店。隨意招了一輛三輪車，車伕是一名男孩，約莫十五歲，身穿白汗衫、藍短褲，腳上趿著塑膠拖鞋，其中一隻已裂開。我們兩人加起來共一百多公斤，男孩吃力踩著車，為了讓我們趕赴盛會，一路疾馳，到了國家大飯店已氣喘如牛。男孩將他的三輪車當作賓士車，試圖騎上車道陡坡，送我們到大廳門口；但於心何忍，趕緊要男孩停車，只需幾步路，我們步行即可。一個十五歲的孩子不僅敬業，也刻苦耐勞，令人心疼。

荷西(José)騎著他的三輪車載我們穿梭大街小巷，逛遍哈瓦那。我稱這種壓馬路方式為加勒比海式的慵懶，可以走走停停、上上下下，頗愜意。荷西是黑人，年紀不大，身材壯碩；熟稔之後，覺得他太容易得意忘形。或許因為這個緣故，荷西誤闖禁區，而被警察攔下。為了不唐突觀光客，警察將荷西叫到一旁，要他出示「行車執照」，在文件上抄抄寫寫，最後開了一張二十披索(約美金一元)的罰單。警察走後，荷西臉色

古巴人快樂指數很高，身穿西裝的老先生、聖得利亞的女祭司、市場的肉販、舊書攤的小販、一起玩骨牌的街坊鄰居、熱中打靶遊戲的老老少少，個個臉上都露出怡然自得的神情。

Museo
de Arte
Colonial

打扮成嘉年華會的街頭藝人，穿梭於大街小巷，表演嘉年華會跑龍套的串場戲碼。

難看，這一張罰單足以令他扼腕許久。我表示要幫荷西付罰單，但他謝絕我的好意，不再提及罰單一事，宛若沒事一般，繼續未完的行程。他邊騎車，邊解說哈瓦那歷史，隨著故事高潮迭起，臉上陰霾也一掃而空，他又得意忘形起來。行程結束後，除了車資外，我多給荷西一些小費，他滿心歡喜的離去。望著荷西的背影，心想，他應該改不了得意忘形的毛病吧！

其實，荷西在意的是，違反規則後所留下的記錄，一旦違規次數超出規定就會被撤銷「行車執照」，他也就無法再執業。

胼手胝足、知足常樂、笑容可掬，是一九九七年古巴人留給我的好印象。

一轉眼十年多過去了，當年的民宿經常缺水，頗為不便，或許今日缺水問題業已改善；但為了避免這個不便，我不再寄居民宿，改為投宿豪華五星級大飯店。只要漫步哈瓦那街頭，一九九七年的記憶便在腦海縈迴，不禁在人海中找尋熟悉的身影：那個和我吵架的黑人、穿制服的小女孩、彈鋼琴的女孩、踩三輪車的男孩、費南度、荷西。我曾於二〇〇四年回到瓦倫西亞飯店，想問候捲菸師，他卻於二〇〇二年前告老還鄉；而自他退休後，瓦倫西亞飯店也收起捲菸攤。我也有意重回科希瑪漁村，試試可否在海明威廣場再度巧遇菲利普，或跨過拉蒂拉薩餐廳的露台，拜訪漁家朋友，但一直沒有付諸行動。

一九九七年的感覺漸漸流失。近來，古巴人向外國人兜售商品時，常附加一句「Hoy es mi cumpleaños」(今天是我的生日)以博得同情，藉此多出售一些。我曾於一天內遇見三人同時生日，一個是水果販，一個是賣報紙的，另一個則販賣手工藝品。這個小手段彷彿口頭禪，沒有欺騙之意，頗似台灣開市常用的手法：「你是我今天第一個客人，我算你便宜一點。」

尾聲

我是一個無可救藥的卡斯楚信徒嗎？還是我太愛古巴呢？對一個拉美研究者而言，不可否認，我佩服卡斯楚；而遊走於拉丁美洲，古巴似乎又比那些有相同血緣的拉美國家更為奇特，更吸引我。

卡斯楚掌權之後，確實處決了不少反革命分子，其中包括異議分子。但是比較起拉美獨裁者，卡斯楚除了個人在位最久之外，其獨裁程度遠遠不如海地的杜瓦利(Duvalier)父子、多明尼加的特魯希優(Trujillo)兄弟、尼加拉瓜的蘇慕薩(Somoza)家族、巴拿馬的諾瑞加(Noriega)、智利的皮諾契特。拉美問題十分複雜，無法用三言兩語論斷一個獨裁者的功過，不過，時間可以證明一切，或許正如卡斯楚所言，歷史會判他無罪！

為了發展自由經濟，獨裁政府犧牲了農民、勞工等低下階層的利益。長期遭受剝削與迫害，農民、勞工極為宿命，只能藉民間傳說，夢想他日施暴者必遭報應。受到天主教文明的同化與習染，民間傳說漸漸被賦予「啟示錄」色彩，演變成美洲的「彌賽亞」(救世主之意)神話原型。農民、勞工因而更有勇氣面對社會不公，在強權淫威之下蟄伏冬眠，等待春天復甦、等待「彌賽亞」出現，帶領大家脫離被奴役的生活。桑定諾(Augusto César Sandino，尼加拉瓜反美民族英雄，後遭親美的蘇慕薩誘殺)、卡斯楚象徵「彌賽亞」，在他們的號召下，農民、勞工置個人生死於度外，起義反抗強權。

二十世紀是拉丁美洲的革命詩篇，是游擊隊的抗暴史詩。

卡斯楚背離了革命理想嗎？

在卡斯楚的執政下，古巴犯罪率低，社會穩定，未遭受美軍占領，也沒有喪失主權，堪稱拉美少數安定國家之一。卡斯楚當年以革命推翻巴帝斯達獨裁政權，若卡斯楚也是個不折不扣的獨裁者，早就遭推翻了，那些下場狼狽的拉美獨裁者均是活生生例子。可是五十年來，除了古裔美人的恐怖活動外，古巴政變不再，難道是卡斯楚的軍隊、武器特別精良，可以永遠鎮壓人民？當然不是，鎮壓無法消弭人民怒火，唯有做到「老有所終、壯有所用、幼有所長，鰥寡孤獨廢疾者，皆有所養」，才得以安定社會。這不就是卡斯楚當初的革命理想？

從禁止美元在古巴境內流通政策，可窺見卡斯楚的用心。二〇〇四年十一月八日，古巴宣布自即日起，以「可兌換古巴披索」取代美元。雖然「可兌換古巴披索」已行之有年，但這種替代美元的外匯券一離開古巴國土就一文不值，因此觀光客長久習慣使用美金。我恰巧在這年的十一月七日再回到哈瓦那，這一天美金還在市面上流通；十一月八日一到，不需監督，大家自動自發改以「可兌換古巴披索」交易。

這天，利用美洲研究中心研討會中場休息，我想到哈瓦那舊區逛逛，但身上的「可兌換古巴披索」所剩不多。恰巧一輛計程車停在研究中心門口，順口問司機是否可以美元付車資，當下只有司機和我，司機決然拒絕，但又不想失去我這個客人，於是陪我到附近的飯店換錢。無論有意還是無心，卡斯楚的「可兌換古巴披索」政策不容挑釁，威權作風養成人民奉公守法精神！

二〇〇四年十一月十四日起，美元兌換成「可兌換古巴披索」必須課稅百分之十；此外，使用信用卡尚需加收手續費，即總價乘以一點一一二四。更為甚者，隔年卡斯楚宣布「可兌換古巴披索」升值百分之八，不再與美元等值，霎時，美元在古巴失去優勢，外國觀光客紛紛改用歐元兌換「可兌換古巴披索」。不必諱言，為了賺取觀光客的外匯，並對抗美國的制裁，卡斯楚可是處心積慮、無所不用其極，但所做的一切都是為了古巴。

我總是喜歡詢問古巴人對卡斯楚的意見，訪談結果以愛戴卡斯楚的人居多，當然不乏批評者。

羅貝多(Roberto)五十多歲，是卡斯楚的擁戴者，在美洲研究中心附設書坊擔任小職員。古巴醫療最讓羅貝多引以為傲，特別是古巴有能力協助拉美更窮的國家，他口沫橫飛向我炫耀，長年下來已有成千上萬的拉美民眾受惠，改善健康。至於島內的均貧現象，他說：「以前吃不飽，現在吃不好，但大家都沒餓著。」他又補充說，孩提時代經歷了巴帝斯達政權，過去與現在兩相比較，過去更窮，連鞋子都沒得穿，遑論上學讀書；現在雖然粗茶淡飯，但生計不愁，孩子也可受高等教育。

一名三十來歲的計程車司機以平淡口吻說：「古巴無邊界，能怎麼辦？」一時沒會意何謂「邊界」，司機從後視鏡見我一臉狐疑，以手在空氣中畫了古巴國土形狀，認命的表情一覽無遺。我明瞭了！古巴是島嶼，四面環海，不滿現狀又能如何？難道要跳海尋死？

這話讓我想起一九九四年，三萬名古巴人為了偷渡至美國，以簡陋竹筏甚至是輪胎為工具，試圖橫渡佛羅里達海峽。這群逃亡者被稱為乘桴人(balseros)，於惡海中載沉載浮，不少人魂斷惡海。因屬於社會低下階級，部分乘桴人最後還是遭美國遣返，對此，卡斯楚又以一貫強悍作風警告當時的柯林頓政府，若美國一味鼓動逃亡潮，古巴將無限制開放人民移居美國。此話一出，迫使美國與古巴簽訂移民協定，禁止古巴非法移民。

「貧」與「乏」是古巴的痛，美國的禁運難道不該負責嗎？倘若當年沒有進行社會改革，就不會換來美國的禁運，而古巴也會是另一個貧富懸殊的拉美國家，還可顧及社會安全、免費教育、完善醫療嗎？

在美洲研究中心的音樂晚會上認識了蘿莎(Rosa)，一名退休人員。她說退休生活很充實，上午做做家事，下午參加一些藝文活動，一天就過去了。起初，兩人相談甚歡，晚會結束後，蘿莎熱心陪我走回下榻的國家大飯店。十五分鐘的路程，她不斷數落卡斯楚的獨裁，抱怨每月的配給制，直說一個月兩百五十披索約十二美元的養老金不夠用，冰箱壞了沒錢送修，又說好處利益全都讓運動員、音樂家占盡。說著說著，國家大飯店就在眼前，正當我一顆心準備放鬆之際，蘿莎突然問我，可否買一部冰箱送她？

一部冰箱就可以扼殺傲骨，似乎令人有點難以置信，但蘿莎還不至於破壞古巴人在我心中的好印象。任何政策總有人贊同，也有人反對；一個社會裡有好人，也有壞人。一樣米養百樣人，羅貝多樂於享受社會福利，計程車司機甘於宿命，乘桴人大膽追求新生活，蘿莎則不滿「均貧」。

同樣，對古巴、對卡斯楚，人人皆有不同觀點。

魔幻古巴：陳小雀的古巴故事十三則

2009年12月初版　　定價：新臺幣360元

著者　陳小雀
發行人　林載爵

出版者　聯經出版事業股份有限公司
地址　台北市忠孝東路四段555號
編輯部地址　台北市忠孝東路四段561號4樓
叢書主編電話　(02)87876242轉225
總經銷　聯合發行股份有限公司
發行所：台北縣新店市寶橋路235巷6弄6號2樓
電話：(02)29178022
台北忠孝門市：台北市忠孝東路四段561號1樓
電話：(02)27683708
台北新生門市：台北市新生南路三段94號
電話：(02)23620308
台中分公司：台中市健行路321號
暨門市電話：(04)22371234ext.5
高雄辦事處：高雄市成功一路363號2樓
電話：(07)2211234ext.5
郵政劃撥帳戶第0100559-3號
郵撥電話：27683708
印刷者　文鴻彩色製版印刷有限公司

叢書主編　賴雯琪
校對　劉詩媛
整體設計　江宜蔚

行政院新聞局出版事業登記證局版臺業字第0130號

本書如有缺頁，破損，倒裝請寄回聯經忠孝門市更換。
ISBN 978-957-08-3511-3 (平裝)
聯經網址：www.linkingbooks.com.tw
電子信箱：linking@udngroup.com

國家圖書館出版品預行編目資料

魔幻古巴：陳小雀的古巴故事十三則
/陳小雀著．初版．臺北市．聯經．2009年
12月（民98年）．216面．16×23公分．
ISBN 978-957-08-3511-3（平裝）

1.文化 2.旅遊文學 3.古巴

755.833 98021513

聯經出版事業公司

信用卡訂購單

信　用　卡　號：□VISA CARD □MASTER CARD □聯合信用卡

訂 購 人 姓 名：________________________________

訂　購　日　期:__________年________月__________日　　(卡片後三碼)

信　用　卡　號：________ ________ ________ ________ ______

信 用 卡 簽 名：____________________(與信用卡上簽名同)

信用卡有效期限：________年________月

聯　絡　電　話：日(O)：____________夜(H)：____________

聯　絡　地　址：□□□ ______________________________

____

訂　購　金　額：新台幣 ____________________________元整

（訂購金額 **500** 元以下,請加付掛號郵資 **50** 元）

資　訊　來　源：□網路　　□報紙　　□電台　　□DM　□朋友介紹

□其他 ______________________________

發　　　　票：□二聯式　　　□三聯式

發　票　抬　頭：______________________________

統　一　編　號：______________________________

※ 如收件人或收件地址不同時，請填：

收 件 人 姓 名：______________________□先生　□小姐

收 件 人 地 址：______________________________

收 件 人 電 話：日(O)______________ 夜(H) ______________

※茲訂購下列書種,帳款由本人信用卡帳戶支付

書　　　　　　　名	數量	單價	合　計
	總	計	

訂購辦法填妥後

1. 直接傳真 FAX(02)27493734
2. 寄台北市忠孝東路四段 561 號 1 樓
3. 本人親筆簽名並附上卡片後三碼(95 年 8 月 1 日正式實施)

電　話：(02)27683708

聯絡人:王淑蕙小姐(約需 7 個工作天)